DSCG 4

Comptabilité et audit

2018/2019

L'essentiel en fiche

Robert **OBERT**
Agrégé de techniques économiques de gestion
Docteur en sciences de gestion
Diplômé d'expertise comptable

EDITIONS
FRANCIS LEFEBVRE
DUNOD

Collection « Express Expertise comptable »

DCG

- J.-F. Bocquillon, M. Mariage, *Introduction au droit,* DCG 1
- L. Siné, *Droit des sociétés,* DCG 2
- V. Roy, *Droit social,* DCG 3
- E. Disle, J. Saraf, *Droit fiscal,* DCG 4
- P. Vanhove, J. Longatte , *Économie,* DCG 5
- F. Delahaye-Duprat, J. Delahaye, *Finance d'entreprise,* DCG 6
- J.-L. Charron, S. Sépari, F. Bertrand, *Management,* DCG 7
- J. Sornet, *Systèmes d'information de gestion,* DCG8
- C. Disle, *Introduction à la comptabilité,* DCG 9
- R. Maéso, *Comptabilité approfondie,* DCG 10
- M. Leroy, *Contrôle de gestion,* DCG 11
- F. Cazenave, *Anglais appliqué aux affaires,* DCG 12

DSCG

- V. Roy, G. Meyer, *Gestion juridique, fiscale et sociale*, DSCG 1
- P. Barneto, G. Gregorio, *Finance,* DSCG 2
- S. Sépari, G. Solle, L. Le Cœur, *Management et contrôle de gestion*, DSCG 3
- R. Obert, *Comptabilité et audit*, DSCG 4

11 rue Paul Bert 92240 Malakoff
www.dunod.com
ISBN : 978-2-10-077488-3
ISSN : 1275 7217

Table des matières

1. Information financière

Fiche 1 Diagnostic financier 1
Fiche 2 Communication financière 6

2. Fusion

Fiche 3 Regroupements d'entreprises : formes, cadre légal et réglementaire 12
Fiche 4 Fusion : aspects juridiques 19
Fiche 5 Fusion : aspects fiscaux 22
Fiche 6 Fusion : évaluation des parités 27
Fiche 7 Fusion : comptabilisation aux valeurs réelles 37
Fiche 8 Fusion : comptabilisation aux valeurs comptables 44
Fiche 9 Participations de l'absorbante dans l'absorbée ou de l'absorbée dans l'absorbante 48
Fiche 10 Participations circulaires 54
Fiche 11 Le mali de fusion 59
Fiche 12 Apports partiels d'actif et scissions 68

3. Consolidation

Fiche 13 Périmètre de consolidation 74
Fiche 14 Pourcentages de contrôle et d'intérêt 81
Fiche 15 Méthodes de consolidation 85
Fiche 16 Retraitements de pré-consolidation 100
Fiche 17 Retraitement des contrats de location 107

Fiche 18 Retraitement des provisions réglementées 112

Fiche 19 Retraitement des comptes des entités étrangères 115

Fiche 20 Élimination des comptes réciproques et des résultats internes 119

Fiche 21 Écarts d'évaluation 126

Fiche 22 Écarts d'acquisition 130

Fiche 23 Changements de périmètre de consolidation 136

Fiche 24 Documents de synthèse des groupes en normes françaises 143

Fiche 25 Documents de synthèse des groupes en normes IFRS 146

4. Audit et contrôle interne

Fiche 26 Cadre général de l'audit 152

Fiche 27 Cadre légal et règlementaire de l'audit 158

Fiche 28 Contrôle interne 163

Fiche 29 Audit des comptes individuels et consolidés 169

Fiche 30 Examen limité et autres interventions définies 178

Diagnostic financier 1

1. Analyse de la structure financière de l'entité
2. Analyse de la performance de l'entité
3. Analyse des flux de l'entité
4. Les ratios

PRINCIPES CLÉS

- Selon l'IASB (IAS 1 § 9), « les états financiers sont une représentation structurée de la situation financière et de la performance financière d'une entité ». C'est donc généralement à partir des trois états financiers essentiels que sont le bilan (la situation financière), le compte de résultat (la performance financière), le tableau de flux de trésorerie ou le tableau de financement (variation de la situation financière) que s'effectuera le diagnostic financier de l'entreprise.
- Le diagnostic financier permet de porter un jugement sur les forces et faiblesses de l'entreprise au plan financier à partir de différentes approches utilisées en analyse financière.
- Il a pour objectif de répondre à quatre interrogations essentielles du chef d'entreprise et de ses partenaires (créanciers, investisseurs, salariés, etc.) :
  – l'appréciation de la solvabilité (notamment pour les créanciers) ;
  – la mesure des performances de l'entreprise (notamment pour les investisseurs) ;
  – la croissance par l'analyse des perspectives de développement ;
  – les risques (et notamment le risque de défaillance).

1 Analyse de la structure financière de l'entité

L'analyse de la structure financière ou analyse du bilan comprend deux points essentiels : l'analyse fonctionnelle du bilan et l'analyse de l'équilibre entre fonds de roulement, besoins en fonds de roulement et trésorerie.

L'analyse fonctionnelle du bilan classe les éléments de l'actif (emplois) et du passif (ressources) selon les fonctions auxquelles on peut les rattacher :

– investissements et financement (éléments durables) ;
– exploitation (éléments circulants) ;

qui correspondent à des cycles (cycles longs d'investissement et financement et cycles courts d'exploitation).

Le fonds de roulement (FR) représente la partie de l'actif circulant financée par les ressources stables ; il va permettre de répondre aux besoins de financement de l'activité de l'entreprise désignée sous l'expression de « besoin en fonds de roulement » (BFR).

2 Analyse de la performance de l'entité

L'analyse de la performance (rentabilité et profitabilité) ou analyse du compte de résultat peut s'effectuer en déterminant un certain nombre de soldes intermédiaires de gestion et la capacité d'autofinancement de l'entreprise.

3 Analyse des flux de l'entité

Le tableau de flux de trésorerie dégage trois soldes intermédiaires :

- flux net de trésorerie provenant des activités opérationnelles ;
- flux net de trésorerie provenant des activités d'investissement ;
- flux net de trésorerie provenant des activités de financement.

Le tableau de ces trois flux donne la variation nette de trésorerie ou d'équivalents de trésorerie (différence entre situation de début et de fin d'exercice).

Les opérations d'exploitation ou activités opérationnelles recouvrent les principales opérations de l'entité produisant des revenus.

Les opérations d'investissement ou activités d'investissement comprennent les acquisitions et les cessions d'actifs à long terme ainsi que les autres investissements qui ne sont pas inclus dans les équivalents de liquidités.

Les opérations de financement ou activités de financement résultent de la variation des capitaux propres et de l'endettement de l'entité.

4 Les ratios

Pour suivre l'évolution de la situation financière d'une entreprise, l'examen du bilan, du compte de résultat, voire du tableau de flux de trésorerie doit être complété par l'étude et l'appréciation des rapports existant entre différents postes ou groupes de postes. Cette procédure entre dans ce que l'on appelle la méthode des ratios.

Un ratio peut être défini comme étant le quotient arithmétique de la valeur de deux éléments caractéristiques dans la gestion de l'entreprise. Le ratio, qui joue ainsi le rôle de chiffre mesure, répond à un besoin de comparaison.

Exemple de ratios

Ratios de structure financière

• Ratio de couverture des emplois stables = Ressources stables / Emplois stables (ou ratio de financement des immobilisations)

Doit être supérieur à 1, sinon FR < 0

• Ratio de couverture des capitaux investis = Ressources stables / (Emplois stables + BFR d'exploitation)

Doit être également supérieur à 1, sinon Trésorerie < 0

• Ratio d'autonomie financière = Ressources propres / Totalité des dettes

• Ratio d'indépendance financière = Ressources propres / Ressources stables

Ratios de rotation

• Délai de rotation des stocks (en jours) = (Stock moyen / Coût d'achat annuel) × 360

• Délai de rotation des clients (en jours) = (Créances clients / Ventes annuelles TTC) × 360

• Délai de rotation des fournisseurs (en jours) = Dettes fournisseurs / (Achats TTC + Services extérieurs TTC) × 360

Ratios de profitabilité

Mettent en relation un profit ou une marge avec le niveau d'activité mesuré par le chiffre d'affaires :

• Taux de marge brute d'exploitation = Excédent brut d'exploitation / Chiffre d'affaires HT

• Taux de marge bénéficiaire = Résultat de l'exercice / Chiffre d'affaires HT

Ratios de rentabilité

Mettent en relation un profit et les capitaux mis en œuvre pour l'obtenir : par exemple :

• Taux de rentabilité financière = Résultat de l'exercice / Capitaux propres

• Taux de rentabilité économique = (Résultat de l'exercice + Charges d'intérêts) / (Capitaux propres + Dettes financières)

• Effet de levier = (Taux de rentabilité financière – Taux de rentabilité économique) / Taux de rentabilité économique

Application

Le 4 août N, le groupe César, dont l'exercice annuel se clôture le 31 décembre de chaque année, vient de publier ses états financiers consolidés pour le premier semestre N. Un extrait de ces documents est fourni en annexe.

Il est demandé de commenter cet extrait.

Annexe : Tableau des flux semestriels de trésorerie

En M€	1er semestre N	2e semestre N–1	1er semestre N–1
Résultat net	249	114	174
Amortissements et provisions pour dépréciation d'actifs	243	331	237
Autres provisions et impôts différés	(51)	(17)	(85)
Profits/Pertes sur cession d'actifs long terme	(2)	(77)	(5)
Dividendes moins résultat des sociétés mises en équivalence	(4)	(5)	(4)
Variation du besoin en fonds de roulement	(186)	253	(67)
Autres variations	10	5	4
Flux de trésorerie provenant de l'exploitation	**259**	**604**	**254**

	1er semestre N	2e semestre N–1	1er semestre N–1
Investissements incorporels et corporels	(168)	(342)	(151)
Variation des fournisseurs d'immobilisations	(50)	123	(76)
Coût d'acquisition des activités, net de la trésorerie acquise	-	6	(1 298)
Augmentation des prêts	(39)	(24)	(22)
Investissements	(257)	(237)	(1 547)
Produits de cession d'actifs incorporels et corporels	7	3	6
Variation des créances sur cession d'immobilisations	-	1	-
Produits de cession des activités, nets de la trésorerie cédée	20	101	-
Produits de cession de titres de participation non consolidés	-	-	-
Remboursement de prêts à long terme	8	28	10
Désinvestissements	35	133	16
Flux de trésorerie provenant des investissements nets	**(222)**	**(104)**	**(1 531)**
Variation de capital et autres fonds propres	46	4	92
Rachat d'actions propres	(6)	(3)	(4)
Dividendes payés aux actionnaires	(143)	(33)	(135)
Dividendes versés aux minoritaires	(1)	(1)	(2)
Variations des dividendes à payer	-	(47)	47
Augmentation / Diminution de l'endettement long terme	(3)	(4)	450
Augmentation / Diminution de l'endettement court terme	3	(29)	36
Flux de trésorerie provenant du financement	**(104)**	**(113)**	**484**
Variation de trésorerie et équivalents de trésorerie	(67)	387	(793)
Incidence variations change et périmètre	33	(26)	(6)
Trésorerie et équivalents de trésorerie en début de période	711	350	1 149
TRÉSORERIE ET ÉQUIVALENTS DE TRÉSORERIE EN FIN DE PÉRIODE	**677**	**711**	**350**

Corrigé

Il y a lieu de distinguer les flux de trésorerie d'exploitation, les flux de trésorerie provenant des investissements nets, les flux de trésorerie provenant du financement et les flux de trésorerie nets du groupe.

Flux de trésorerie d'exploitation

L'évolution du flux de trésorerie est due aussi, pour l'essentiel, à la variation du besoin de fonds de roulement dû notamment à une activité plus réduite dans le second semestre N–1 (diminution des besoins en fonds de roulement de 253 M€).

Le résultat net de la dernière période (249 M€) est en augmentation par rapport aux périodes précédentes. Cependant si l'on compare la marge brute d'autofinancement (résultat + dotations aux amortissements et dépréciations ± autres provisions, résultats de cession et résultat provenant des sociétés mises en équivalence), la variation est moins nette. La marge est en forte augmentation par rapport au 1er semestre N 1 (435 M€ par rapport à 317 M€), mais moins importante par rapport au 2e semestre N–1 (435 M€ au lieu de 411 M€). Il est à noter par ailleurs que les dotations aux amortissements et dépréciations ont diminué en N compte tenu notamment de cessions d'activités (voir flux de trésorerie provenant des investissements nets).

Flux de trésorerie provenant des investissements nets

On constate notamment un flux important dans le premier semestre N–1 (1 531 M€) dus à des investissements dans des filiales (coût d'acquisition des activités) pour 1 298 M€. Le second semestre N–1 se caractérise, quant à lui, par des investissements incorporels et corporels plus conséquents (342 M€) au lieu de 151 et 168 M€ dans les semestres adjacents mais aussi des cessions d'activités réalisées par des filiales (101 M€).

Flux de trésorerie provenant du financement

Durant le 1er semestre N–1, le groupe a dû (notamment pour effectuer des investissements conséquents dans des filiales) effectuer un emprunt important (variation de l'endettement à long terme de 450 M€). Il y a lieu de noter aussi les versements de dividendes effectués surtout durant les premiers semestres (135 et 143 M€).

Flux de trésorerie nets du groupe

Au cours de la période, la trésorerie globale a diminué passant de 1 149 M€ début N–1 à 677 M€ fin juin N. Cette baisse s'explique pour l'essentiel par des investissements importants effectués durant le premier semestre N–1 (1 547 M€) financés en partie par de l'endettement à long terme (450 M€) mais aussi par de la trésorerie pour le solde, trésorerie qui aurait dû augmenter du fait de l'exploitation mais qui en fait a diminué.

2 Communication financière

1. Le rapport de gestion et le rapport consolidé de gestion
2. Les autres communications du management de l'entité
3. Le document de référence
4. Les documents établis dans le cadre de la prévention des difficultés des entreprises
5. L'information du comité social et économique
6. L'information comptable et financière et comptable périodique
7. La communication effectuée dans le cadre d'un appel public à l'épargne, d'une offre publique d'acquisition ou dans le cadre d'un rachat de titres en capital

PRINCIPES CLÉS

- De nombreuses dispositions issues du droit national ou du droit européen ont réglementé la communication financière. Il en est ainsi du Code de commerce (modifié récemment par les ordonnances 2017-1162 du 12 juillet 2017 comportant diverses mesures de simplification et de clarification des obligations d'information à la charge des sociétés, et 2017-1180 du 19 juillet 2017 relative à la publication d'informations non financières par certaines grandes entreprises et certains groupes d'entreprises), du Code monétaire et financier, des directives européennes, du règlement européen « prospectus » et du règlement général de l'Autorité des marchés financiers.
- Mais les objectifs de la communication financière ne se limitent pas à une réponse aux obligations légales et réglementaires françaises et européennes : ils couvrent aussi toute l'information fournie aux actionnaires et à l'ensemble de la communauté financière sur les résultats de l'entreprise et sa situation financière, ainsi que la création, le développement et le renforcement des liens de l'entreprise avec son environnement.

1 Le rapport de gestion et le rapport consolidé de gestion

Le conseil d'administration ou le directoire présente à l'assemblée les comptes annuels et, le cas échéant, les comptes consolidés accompagnés du rapport de gestion y afférent : rapport de gestion pour les comptes annuels, rapport consolidé de gestion pour les comptes consolidés (art L. 225-100 al. 2 Code de commerce).

Contenus du rapport de gestion et du rapport consolidé de gestion

Applicable à toutes les sociétés à l'exception des micro-entreprises et petites entreprises
• Analyse objective et exhaustive de l'évolution des affaires, des résultats et de la situation financière de la société • Indicateurs clés de performance de nature financière et non financière • Indications sur l'utilisation des instruments financiers • Objectifs et politique en matière de gestion des risques financiers • Tableau des résultats des cinq derniers exercices • Identité des actionnaires détenant plus de 5 % du capital ou des droits de vote • Informations sur le rachat d'actions • Montant des dividendes distribués au titre des trois derniers exercices • Prises de participation et de contrôle • Activités en matière de recherche et de développement • Résultats des filiales et sociétés contrôlées par branche d'activité • Événements importants survenus après la date de clôture • Retards de paiements des clients et fournisseurs • Montant des prêts accordés à une entreprise avec laquelle sont entretenus des liens économiques • État de la participation des salariés au capital social au dernier jour de l'exercice • Proportion du capital que représentent les actions détenues par le personnel • Eléments du rapport sur le gouvernement d'entreprise (s'il a été intégré dans le rapport de gestion) • Pour les sociétés exploitant une installation dangereuse, la politique de prévention du risque d'accident technologique, la capacité de la société à couvrir sa responsabilité civile, les moyens prévus pour assurer la gestion de l'indemnisation des victimes.
Applicable seulement à toutes les entreprises qui dépassent les seuils suivants : total du bilan : 100 M€ ou chiffre d'affaires : 100 M€ et effectif : 500
• Déclaration de performance extra-financière : informations sociales, informations environnementales et informations relatives aux engagements sociétaux en faveur du développement durable, de l'importance de la sous-traitance, aux mesures prises en faveur de la santé et de la sécurité des consommateurs
Applicable seulement aux sociétés dont les titres sont admis aux négociations sur un marché réglementé
• Indications sur les risques financiers liés aux effets du changement climatique • Principales caractéristiques des procédures de contrôle interne et de gestion des risques mises en place par la société, relatives à l'élaboration et au traitement de l'information comptable et financière • Tableau relatif à la répartition et à l'affectation des sommes distribuables proposées à l'assemblée générale
Applicable seulement aux sociétés dont les titres sont admis aux négociations sur un marché réglementé qui dépassent les seuils suivants : total du bilan :20 M€ ou chiffre d'affaires : 40 M€ et effectif : 500
• Déclaration de performance extra-financière : informations sur la manière dont la société prend en compte les conséquences sociales, environnementales et sociétales de son activité

2 Les autres communications du management de l'entité

- Rapport sur le gouvernement d'entreprise : liste de l'ensemble des mandats et fonctions exercés dans toute société, conventions intervenues, délégations en cours de validité accordées par l'assemblée générale dans le domaine des augmentations de capital (pour toutes les sociétés), rémunération totale et les avantages de toute nature versés aux mandataires sociaux, engagements pris au bénéfice des mandataires sociaux dont notamment engagements de retraite en autres avantages viagers, composition, ainsi que les conditions de préparation et d'organisation des travaux du conseil, description de la politique de diversité appliquée aux membres du conseil d'administration, éventuelles limitations aux pouvoirs du directeur général, référence à un code de gouvernement, modalités de participation des actionnaires à l'assemblée générale, élément susceptible d'avoir une incidence en cas d'offre publique d'achat ou d'échange (pour les sociétés faisant appel public à l'épargne sur un marché réglementé).

- Communiqué sur le montant des honoraires versés à chacun des contrôleurs légaux des comptes chargés de contrôler les comptes de la société.
- Information sur les acquisitions, cessions, souscriptions ou échanges d'actions d'une société ainsi que les transactions opérées sur des instruments financiers qui leur sont liés, par les dirigeants.
- Communication relative aux conventions réglementées (*voir fiche 30 § 3*).
- Rapport sur les paiements effectués au profit des autorités des États et territoires.
- Information susceptible d'avoir une influence sensible sur le cours des instruments financiers concernés.

3 Le document de référence

Le document de référence présente l'organisation, l'activité, la situation financière, les résultats et les perspectives de la société. Il contient l'ensemble des informations juridiques, économiques et comptables concourant à une présentation exhaustive d'une société pour un exercice donné.
Le document de référence est régi par l'article 212-13 du règlement général de l'AMF, lequel s'appuie sur le règlement européen du 24 avril 2004 dit « règlement prospectus ». Il peut prendre la forme du rapport annuel destiné aux actionnaires.

4 Les documents établis dans le cadre de la prévention des difficultés des entreprises

Dans les sociétés commerciales d'une certaine taille (300 salariés ou plus ou montant net du chiffre d'affaires égal ou supérieur à 18 millions d'euros), le conseil d'administration, le directoire ou les gérants selon le cas, sont tenus d'établir :

- Semestriellement, une situation de l'actif réalisable et disponible, valeurs d'exploitation exclues, et du passif exigible dans les quatre mois qui suivent la clôture de l'exercice.
- Annuellement :
  - un tableau de financement en même temps que les comptes annuels dans les quatre mois qui suivent la clôture de l'exercice écoulé ;

– un plan de financement prévisionnel ;
– un compte de résultat prévisionnel.

5 L'information du comité social et économique

Une base de données économiques et sociales, définie par l'article L. 2312-18 du Code du travail, mise régulièrement à jour, rassemble un ensemble d'informations que l'employeur doit mettre à disposition du comité social et économique (ex-comité d'entreprise).
Il y a lieu de distinguer les informations à donner dans toutes les entreprises, celles de moins de 300 salariés et celles de 300 salariés ou plus.
Des informations spécifiques doivent être fournies dans le mois qui suit la création du comité d'entreprise, trimestriellement, annuellement, au moment où elles sont disponibles.

6 L'information comptable et financière périodique

Les entités dont les titres sont admis aux négociations sur un marché réglementé doivent publier et déposer auprès de l'AMF :

– un rapport financier annuel dans les quatre mois qui suivent la clôture de l'exercice comprenant les comptes annuels, les comptes consolidés le cas échéant, un rapport de gestion, une déclaration des personnes physiques qui assument la responsabilité de ces documents et le rapport des commissaires aux comptes sur les comptes précités ;
– un rapport financier semestriel dans les trois mois qui suivent la fin du premier semestre de leur exercice et comprenant des éléments semblables au rapport annuel, pouvant être présentés sous une forme condensée.

7 Communication effectuée dans le cadre d'un appel public à l'épargne, d'une offre publique d'acquisition ou dans le cadre d'un rachat de titres en capital

a. Appel public à l'épargne

Lorsque l'émetteur a son siège statutaire en France et que l'opération porte sur les titres de capital et certains titres de créances, les personnes ou entités qui procèdent à une opération par appel public à l'épargne établissent, préalablement à toute offre au public ou de toute admission aux négociations sur un marché réglementé de titres financiers sur le territoire de l'Espace économique européen, un projet de prospectus et le soumettent au visa préalable de l'AMF.

b. Offre publique d'acquisition (OPA)

Un projet de note d'information doit être établi par l'initiateur d'une l'offre publique d'acquisition (ou le prestataire d'investissement qui le représente) et déposé auprès de l'AMF. L'AMF doit rendre publique les principales dispositions du projet d'offre. La société visée peut, dès la publication du communiqué de l'initiateur, publier un communiqué aux fins de faire connaître l'avis motivé du conseil d'administration ou du conseil de surveillance sur l'intérêt de l'offre ou sur les conséquences de celle-ci pour la société visée, ses actionnaires et ses salariés.

c. Rachat de titres en capital

Préalablement à la réalisation d'un programme de rachat de ses titres, tout émetteur doit publier le descriptif du programme comprenant notamment la date de l'assemblée générale des actionnaires qui a autorisé le rachat, la part maximale du capital, le nombre maximal et les caractéristiques des titres que l'émetteur se propose d'acquérir ainsi que le prix maximum d'achat et la durée du programme de rachat

Application

Répondre au questionnaire à choix multiples ci-après composé de cinq questions à réponse unique (sur les trois assertions proposées à chaque fois, une seule est exacte).

1. Que doit comprendre obligatoirement le rapport de gestion à l'assemblée générale d'une société (dans le cas des comptes sociaux) ?

a. Le rapport entre la masse salariale et l'effectif mensuel moyen.

b. Le rapport entre la moyenne des rémunérations des 10 % des salariés touchant les rémunérations les plus élevées et celles correspondant aux 10 % des salariés touchant les rémunérations les moins élevées.

c. Des informations sur la manière dont la société prend en compte les conséquences sociales (emploi, organisation du travail, santé et sécurité, formation, égalité de traitement).

2. Que doit également comprendre le rapport de gestion à l'assemblée générale d'une société (dans le cas des comptes sociaux) ?

a. L'indication de la politique de prévention du risque d'accident technologique.

b. L'évaluation du capital humain, par actualisation des flux de revenus procurés par l'entreprise par le personnel et leur comparaison aux coûts que l'entreprise devra supporter pour rémunérer ses services.

c. Les coûts cachés liés aux dysfonctionnements majeurs dans les domaines des conditions de travail, de l'organisation du travail, de la mise en œuvre ses stratégies, de la formation interne, de la communication et de la gestion.

3. Qu'est-ce que document de référence ?

a. Un document regroupant les comptes sociaux et les comptes consolidés.

b. Un document qui contient l'ensemble des informations juridiques, économiques et comptables concourant à une présentation exhaustive d'une société pour un exercice donné.

c. Le rapport de gestion établi par le conseil d'administration ou le directoire.

4. Qu'appelle-t-on rapport sur le gouvernement d'entreprise ?

a. Un rapport dans lequel il donne la composition des membres de la direction et leurs différentes fonctions.

b. Un rapport dans lequel il fournit une évaluation sur le conseil d'administration dans lequel il fait le point sur les modalités de fonctionnement du conseil et mesure la contribution effective de chaque administrateur aux travaux du conseil du fait de sa compétence et de son implication dans les délibérations.

c. Un rapport joint au rapport de gestion, fournissant notamment la liste de l'ensemble des mandats et fonctions exercés dans toute société, les conventions intervenues, la rémunération totale et les avantages de toute nature versés aux mandataires sociaux, la composition et les conditions de préparation et d'organisation des travaux du conseil.

5. Qu'est-ce qu'une offre publique d'acquisition (OPA) ?

a. Une offre d'achat d'actions d'une société par une autre société.

b. Une offre d'achat d'immobilisations d'une société par une autre société.

c. Une offre d'achat de marchandises ou de produits d'une société par une autre société.

Corrigé

Question 1

Réponse *c*. Des informations sur la manière dont la société prend en compte les conséquences sociales. Les réponses *a* et *b* correspondent à indicateurs pouvant figurer dans le bilan social (arrêté du 8 décembre 1977).

Question 2

Réponse *a*. L'indication de la politique de prévention du risque d'accident technologique doit être présentée dans le rapport de gestion. La présentation de l'évaluation du capital humain ou des coûts cachés, même s'ils sont connus, n'a pas à être formulée.

Question 3

Réponse *b*. C'est un document qui contient l'ensemble des informations juridiques, économiques et comptables concourant à une présentation exhaustive d'une société pour un exercice donné. Il comprend bien entendu le rapport de gestion établi par le conseil d'administration ou le directoire et les comptes sociaux et consolidés mais également des informations exigées par l'Autorité des marchés financiers (AMF) dans le cadre d'un appel public à l'épargne.

Question 4

Réponse *c*. Le rapport du président du conseil d'administration sur le gouvernement d'entreprise doit traiter à la fois des conditions de préparation et d'organisation des travaux du conseil mais aussi des éventuelles limitations aux pouvoirs du directeur général, de la référence à un code de gouvernement, des modalités de participation des actionnaires à l'assemblée générale, etc. La réponse *b* est donc incomplète. Quant à la réponse *a*, elle ne traite pas du fonctionnement du conseil d'administration, mais simplement de l'organisation de la direction.

Question 5

Réponse *a*. C'est une offre d'achat d'actions d'une société par une autre société. Cette offre est publique et doit suivre un certain nombre d'obligations imposées par le réglement de l'AMF.

3 Regroupements d'entreprises : formes, cadre légal et réglementaire

1 Définitions
2 Règles comptables applicables dans le cadre de fusions ou d'opérations assimilées
3 Règles comptables applicables dans le cadre de l'établissement de comptes consolidés

PRINCIPES CLÉS

- La notion de regroupement d'entreprises, telle qu'elle est définie par la norme IFRS 3 de l'IASB (« comme une transaction ou tout autre événement au cours duquel un acquéreur obtient le contrôle d'une ou plusieurs entreprises ») peut couvrir une pluralité de situations.
  Cette opération peut se réaliser soit en transférant les actifs et passifs d'une activité, soit en transférant les titres d'une société dans laquelle l'activité s'exerce.
- Le transfert des actifs et des passifs d'une activité peut s'effectuer par la vente, mais le plus souvent elle fait l'objet d'une opération de fusion (fusion création ou fusion absorption), d'apport partiel d'actif ou de scission.
- Le transfert de titres n'implique pas un changement de structure juridique semblable à celui engendré par une fusion ou une opération assimilée, mais implique, si l'entité acquéreuse a pris notamment le contrôle de l'entité acquise, l'établissement de comptes de groupe (ou comptes consolidés) afin de fournir à l'investisseur une information semblable à celle qui aurait été fournie en cas d'absorption de la société dans laquelle l'activité acquise s'exerce.
- Sur le plan comptable, les opérations de fusion et assimilées (apport partiel d'actif et scission) concernent les comptes sociaux des sociétés concernées. C'est le Plan comptable général qui est applicable. Pour ce qui concerne les prises de contrôle par le biais d'acquisitions de titres, deux référentiels sont applicables : si l'entité acquéreuse fait appel public à l'épargne sur un marché réglementé, elle doit présenter ses comptes consolidés conformément aux normes comptables internationales (normes IFRS) telles qu'elles ont été approuvées par l'Union européenne. Si elle ne fait pas appel public à l'épargne, elle peut, conformément à l'article L. 233-24 du Code de commerce, soit opter pour l'utilisation des normes IFRS, soit utiliser les règles nationales (Code de commerce, articles L. 233-16 à L. 233-28, R. 233-3 à R. 233-16 ; règlement 99-02 du Comité de la réglementation comptable).

1 Définitions

- Une fusion est une opération dans laquelle plusieurs sociétés transmettent leur patrimoine à une société existante ou à une nouvelle société qu'elles constituent (art. L. 236-1 al. 1 du Code de commerce).
- Une scission est une opération dans laquelle le patrimoine d'une société est transmis, soit à deux ou plusieurs sociétés existantes, soit à deux ou plusieurs sociétés nouvelles (art. L. 236-1 al. 2 du Code de commerce).
- Un apport partiel d'actif est une opération par laquelle une société fait apport à une autre société (nouvelle ou déjà créée) d'une partie de ses éléments d'actif et reçoit, en échange, des titres émis par la société bénéficiaire des apports.
- La transmission universelle du patrimoine (ou TUP), régie par l'article 1844-5 du Code civil, est la réunion de toutes les parts sociales d'une société en une seule main. Dans ce cas, la société mère peut dissoudre sa filiale.
- Les comptes consolidés (ou comptes de groupe) sont des états financiers (bilan, compte de résultat, notes annexes...) permettant de donner une image de l'ensemble constitué par une société mère, ses filiales et participations.
- Les comptes combinés sont des états financiers établis par des entités qui constituent un ensemble, mais dont la cohésion ne résulte pas de liens de participation (et qui ne sont pas de ce fait, en mesure d'établir des comptes consolidés), qui désirent des comptes comme s'il s'agissait d'une entité économique unique.

2 Règles comptables applicables dans le cadre de fusions ou d'opérations assimilées (scissions, apports partiels d'actif, transmission universelle du patrimoine)

Dans les comptes individuels, la comptabilisation des opérations et opérations assimilées rémunérées par des titres et retracées par un traité d'apport est régie par le Plan comptable général (règlement 2014-03 de l'ANC, modifié par les règlements 2015-06 et 2017-01, art. 710-1 à 770-2). Ces dispositions concernent les modalités d'évaluation des apports et non pas celles retenues pour le calcul des parités. Selon le PCG, les apports sont évalués à la valeur comptable ou à la valeur réelle, selon la situation de contrôle au moment de l'opération et le sens de l'opération.

a. Analyse de la situation de contrôle au moment de l'opération

Pour chaque opération (qui ne peut concerner que des personnes morales), il convient de déterminer s'il s'agit :

- d'opérations impliquant des sociétés sous contrôle commun, *i.e.* une des sociétés participant à l'opération contrôle préalablement l'autre ou les deux sociétés sont préalablement sous le contrôle d'une même société-mère ;

- d'opérations impliquant des sociétés sous contrôle distinct, *i.e.* aucune des sociétés participant à l'opération ne contrôle préalablement l'autre ou ces sociétés ne sont pas préalablement sous le contrôle d'une même société-mère.

Les notions de contrôle (exclusif ou conjoint) d'une société sont définies aux § 1002 et 1003 du règlement n 99-02 du CRC : « le contrôle exclusif est le pouvoir de diriger les politiques financière et opérationnelle d'une entreprise afin de tirer avantage de ses activités, le contrôle conjoint est le partage du contrôle d'une entreprise exploitée en commun par un nombre limité d'associés ou d'actionnaires, de sorte que les politiques financière et opérationnelle résultent de leur accord » (*voir fiche 13*).

b. Détermination du sens des opérations

- Dans une fusion à l'endroit :
  - la cible est l'entité absorbée ;
  - l'initiatrice est l'entité absorbante ou l'une de ses filiales.
- Dans un apport à l'endroit :
  - la cible est l'entité dont une branche d'activité est apportée ;
  - l'initiatrice est l'entité bénéficiaire des apports ou l'une de ses filiales.
- Dans une fusion à l'envers :
  - la cible est l'entité absorbante ;
  - l'initiatrice est l'entité absorbée ou sa société mère.
- Dans un apport à l'envers :
  - la cible est l'entité bénéficiaire des apports ;
  - l'initiatrice est l'entité apporteuse ou sa société mère.

c. Principe de détermination de la valeur d'apport

Les apports sont évalués comme suit en fonction de la situation de l'entité absorbante ou de l'entité bénéficiaire des apports et de l'existence ou non d'un contrôle commun entre les entités participant à l'opération.

Principes de détermination de la valeur d'apport

Valorisation des apports Notion de contrôle	Valeur comptable	Valeur réelle
Opérations impliquant des entités sous contrôle commun – opérations à l'endroit – opérations à l'envers	 X X	
Opérations impliquant des entités sous contrôle distinct – opérations à l'envers – opérations à l'endroit	 X	 X

3 Règles comptables applicables dans le cadre de l'établissement de comptes consolidés

a. Directive du parlement européen et du conseil 2013/34 du 26 juin 2013 relative aux états financiers annuels, aux états financiers consolidés et aux rapports y afférents de certaines formes d'entreprise

Cette directive, applicable à compter du 1er janvier 2016, a remplacé la quatrième directive du 25 juillet 1978 relative aux comptes annuels de certaines formes de sociétés et la septième directive du 13 juin 1983 relative aux comptes consolidés.

Elle précise (articles 3 et 21 à 29) :

- le champ d'application des états financiers consolidés et rapports consolidés : types de sociétés consolidables, taille des sociétés consolidables, nature des relations entre les sociétés consolidables ;
- l'obligation d'établir des états financiers consolidés et les exemptions de consolidation ;
- les modes d'établissement des comptes consolidés : intégration globale, intégration proportionnelle, mise en équivalence ;
- le contenu de l'annexe aux états financiers consolidés ;
- le contenu du rapport consolidé de gestion qui doit accompagner les comptes.

b. Articles L. 233-16 à L. 233-28 du Code de commerce

Ces articles (modifiés par l'ordonnance 2015-900 du 23 juillet 2015 relative aux obligations comptables des commerçants) précisent :

- que les sociétés doivent présenter des comptes consolidés et un rapport sur la gestion du groupe dès lors qu'elles contrôlent de manière exclusive ou conjointe une ou plusieurs autres entreprises ;
- que sont comprises dans la consolidation les filiales ou participations contrôlées de manière exclusive ou conjointe ou sur lesquelles est exercée une influence notable ;
- ce que l'on entend par contrôle exclusif, contrôle conjoint, influence notable ;
- les méthodes de consolidation utilisables : intégration globale, intégration proportionnelle, mise en équivalence ;
- les cas où une filiale ou une participation peuvent être laissées en dehors de la consolidation ;
- le contenu général des comptes consolidés : bilan, compte de résultat, annexe, et leurs qualités recherchées : régularité, sincérité, image fidèle ;
- les règles générales d'évaluation des éléments consolidés ;
- le contenu du rapport de gestion ;
- l'obligation de contrôle par les commissaires aux comptes.

c. Articles R. 233-3 à R. 233-16 du Code de commerce

Ces articles (modifiés par le décret 2015-903 du 23 juillet 2015 relatif aux obligations comptables des commerçants) analysent les méthodes applicables à la consolidation (intégration globale, intégration proportionnelle, mise en équivalence, écart de première consolidation, impositions différées, etc.). Ils présentent la structure générale du bilan consolidé, du compte de résultat consolidé et de l'annexe (dont les contenus détaillés font l'objet d'un règlement de l'Autorité des normes comptables), et indiquent les seuils d'exemption d'établissement et de publication des comptes consolidés (voir *fiche 13*).

d. Le règlement 99-02 du CRC du 29 avril 1999 relatif aux comptes consolidés des sociétés commerciales et des entreprises publiques (ou RRCC)

Ce règlement détaille les dispositions énoncées par les articles L. 233-16 à L. 233-28 et R. 233-3 à R. 233-16 du Code de commerce.

Le règlement 99-02 du CRC comporte les sections suivantes :

1. Périmètre et méthodes de consolidation ;
2. Règles de consolidation ;
   - l'intégration globale ;
   - l'intégration proportionnelle ;
   - la mise en équivalence ;
3. Méthodes d'évaluation et de présentation ;
4. Documents de synthèse consolidés ;
5. Première année d'application ;
6. Combinaison.

e. Le règlement européen CE 1606/2002 du 19 juillet 2002 sur l'application des normes comptables internationales

L'article 4 du règlement européen pour l'application des normes comptables internationales prévoit notamment que « pour chaque exercice commençant le 1er janvier 2005 ou après cette date, les sociétés régies par le droit national d'un État membre sont tenues de préparer leurs comptes consolidés conformément aux normes comptables internationales adoptées dans le cadre de la procédure prévue à l'article 6 si, à la date de clôture de leur bilan, leurs titres sont admis à la négociation sur le marché réglementé d'un État membre ».

L'article 5 du règlement permet aux États membres d'autoriser les sociétés autres que celles visées à l'article 4 d'établir leurs comptes consolidés conformément aux normes comptables internationales.

Application

Vous êtes appelé(e) à répondre à un questionnaire à choix multiples composé de cinq questions à réponse unique (sur les trois assertions proposées à chaque fois, une seule est exacte).

Question 1

Un regroupement d'entreprises est :

a. une opération dans laquelle plusieurs sociétés transmettent leur patrimoine à une société existante ou à une nouvelle société qu'elles constituent

b. une transaction ou tout autre événement au cours duquel un acquéreur obtient le contrôle d'une ou plusieurs entreprises

c. une opération par laquelle une entité prend le contrôle d'une filiale

Question 2

Pour l'établissement des comptes individuels (ou sociaux), les règles applicables en France sont :

a. la norme IFRS 3

b. le règlement 99-02 du CRC (Comité de la réglementation comptable)

c. le règlement 2014-03 de l'ANC (Autorité des normes comptables)

Question 3

Pour l'établissement en France des comptes consolidés faisant appel public à l'épargne sur un marché réglementé, les règles applicables sont :

a. les normes comptables internationales

b. le règlement 99-02 du CRC

c. le règlement 2014-03 de l'ANC.

Question 4

Dans une fusion dite à l'envers concernant deux sociétés sous contrôle distinct, comment doivent être évalués les apports :

a. à la valeur comptable

b. à la valeur réelle

c. à la juste valeur

Question 5

Pour l'établissement des comptes consolidés des sociétés françaises cotées au compartiment B d'Euronext, les normes comptables applicables :

a. les normes IAS 28, IFRS 3, IFRS 10, IFRS 11 et IFRS 12

b. toutes les normes IFRS

c. les normes IFRS qui ont été approuvées par l'Union européenne

Corrigé

Question 1

Réponse *b*. La réponse *a* correspond à la définition d'une fusion (une fusion est un regroupement d'entreprises, mais il existe d'autres formes de regroupements). La réponse *c* correspond à une prise de participation (qui impliquera l'établissement de comptes consolidés).

Question 2

Réponse *c*. Le règlement 2014-03 de l'ANC correspond au Plan comptable général (PCG). Seul le PCG est applicable en France aux comptes individuels (ou sociaux). Le règlement 99-02 concerne les comptes consolidés ; la norme internationale IFRS 3 relative aux regroupements d'entreprises n'est applicable qu'aux comptes consolidés des entités faisant appel public à l'épargne sur un marché réglementé et des autres entités ayant opté pour une application des normes comptables internationales.

Question 3

Réponse *a*. Conformément à l'article 4 du règlement européen 1606/2002 du 19 juillet 2002 sur l'application des normes comptables internationales, « pour chaque exercice commençant le 1er janvier 2005 ou après cette date, les sociétés régies par le droit national d'un État membre sont tenues de préparer leurs comptes consolidés conformément aux normes comptables internationales adoptées dans le cadre de la procédure prévue à l'article 6 si, à la date de clôture de leur bilan, leurs titres sont admis à la négociation sur le marché réglementé d'un État membre ».

Question 4

Réponse *a*. Les apports doivent être évalués à la valeur comptable, même si les deux sociétés sont sous contrôle distinct. Dans le cas d'une fusion à l'endroit de deux sociétés sous contrôle distinct, les apports sont évalués à la valeur réelle. La juste valeur est une notion propre aux IFRS qui la définissent comme « le prix qui serait perçu à l'occasion de la vente d'un actif ou le prix qui serait payé pour transférer un passif, dans le cadre d'une opération conclue à des conditions normales entre des intervenants de marché, à la date d'évaluation ».

Question 5

Réponse *c*. Euronext est l'organisme de cotation des bourses de Paris, Amsterdam, Bruxelles et Lisbonne. À Paris, selon la taille de leur capitalisation, les entités cotées au marché réglementé sont classées en trois compartiments : A, B, et C.

Les sociétés faisant appel public à l'épargne sur un marché réglementé doivent préparer leurs comptes consolidés conformément aux normes comptables internationales adoptées par la Commission européenne. Certaines normes IFRS (ou dispositions de normes) pourraient ne pas être adoptées par la Commission européenne ; dans ce cas, elles ne seraient pas applicables (il n'y en a aucune actuellement).

Les normes IAS 28, IFRS 10, 11 et 12 concernent l'établissement des comptes consolidés et la valorisation des participations dans les entités associées et les co-entreprises. La norme IFRS 3 concerne les regroupements d'entreprises. Toutes les normes IFRS sont applicables et non simplement quelques-unes.

Fusion : aspects juridiques 4

1 Calendrier de fusion
2 Contenu du projet de fusion
3 Rôle du commissaire à la fusion
4 Droit des tiers à la fusion
5 Effets sociaux de la fusion
6 Fusion simplifiée

PRINCIPES CLÉS

Les opérations de fusions (ou de scissions) sont décidées, par chacune des sociétés intéressées, dans les conditions requises pour la modification de ses statuts. Si l'opération comporte la création de sociétés nouvelles, chacune de celles-ci est constituée selon les règles propres à la forme de société adoptée. Dans le cadre des sociétés anonymes, la fusion est décidée par l'assemblée générale extraordinaire de chacune des sociétés qui participent à l'opération.

1 Calendrier de fusion

On peut considérer que les opérations nécessaires pour réaliser une fusion-absorption (la plus courante des opérations de fusions) comprend principalement les cinq phases suivantes : phase préparatoire, approbation du projet de fusion, publicité du projet de fusion, approbation et réalisation de la fusion, enregistrement et publicité de la fusion.

2 Contenu du projet de fusion

Le projet de fusion doit contenir les informations minimales suivantes (art. R. 236-1 du Code de commerce) :

1. La forme, la dénomination et le siège social de toutes les sociétés participantes.
2. Les motifs, buts et conditions de la fusion.
3. La désignation et l'évaluation de l'actif et du passif dont la transmission aux sociétés absorbantes ou nouvelles est prévue.
4. Les modalités de remise des parts ou actions et la date à partir de laquelle ces parts ou actions donnent droit aux bénéfices, ainsi que toute modalité particulière relative à ce droit, et la date à partir de laquelle les opérations de la société absorbée seront, du point de vue comptable considérées comme accomplies par la ou les sociétés bénéficiaires des apports.

5. Les dates auxquelles ont été arrêtés les comptes des sociétés intéressées utilisées pour établir les conditions de l'opération.
6. Le rapport d'échange des droits sociaux et, le cas échéant, le montant de la soulte.
7. Le montant prévu de la prime de fusion.
8. Les droits accordés aux associés ayant des droits spéciaux et aux porteurs de titres autres que des actions ainsi que, le cas échéant, tous avantages particuliers.

3 Rôle du commissaire à la fusion

En cas de fusion de sociétés et selon l'article L. 236-10 du Code de commerce, un ou plusieurs commissaires à la fusion établissent sous leur responsabilité un rapport écrit sur les modalités de la fusion. En outre, ils doivent apprécier la valeur des apports en nature et les avantages particuliers. Ils doivent vérifier également que les valeurs relatives attribuées aux actions des sociétés participant à l'opération sont pertinentes et que le rapport d'échange est équitable. Ils doivent également établir un rapport appréciant la valeur des apports en nature.

4 Droit des tiers à la fusion

Les opérations de fusion ont pour caractéristique la transmission universelle du patrimoine de la société qui disparaît au profit des sociétés existantes ou nouvelles qui le recueillent.

5 Effets sociaux de la fusion

La fusion n'entraîne pas l'interruption des contrats de travail : en effet selon l'article L. 1224.1 du Code du travail, en cas de fusion, tous les contrats en cours au jour de l'opération subsistent entre le nouvel employeur et le personnel de l'entreprise.

6 Fusion simplifiée

Lorsque (art. L 236-11 du Code de commerce), entre la date du dépôt au greffe du tribunal de commerce du projet de fusion et la date de réalisation de l'opération, la société absorbante détient en permanence la totalité du capital de(s) la société(s) absorbée(s), il n'y a lieu ni à approbation de la fusion par l'assemblée générale extraordinaire des sociétés participant à l'opération, ni à l'établissement des rapports du conseil d'administration ou du directoire et du commissaire à la fusion et aux apports.

Application

Vous êtes appelé(e) à réaliser la fusion de la société Oreste et de la société Raoul. La société Oreste est propriétaire de 60 % du capital et des droits de vote de la société Raoul. Ces deux sociétés emploient respectivement 100 et 80 salariés.

1. **Indiquer comment doit être évalué l'actif et le passif dont la transmission à la société absorbante Oreste.**
2. **Présenter quels sont les ordres du jour qu'il faudra rédiger pour la réunion des deux assemblées générales.**
3. **Préciser quel doit être le contenu du rapport du commissaire à la fusion.**

Corrigé

1. Valeur des apports

L'Autorité des normes comptables (PCG art. 720-1 et 743-1) ne retient pour les fusions qu'une seule méthode de comptabilisation, différente selon que les opérations sont réalisées entre entités sous contrôle commun ou sous contrôle distinct.

Pour les opérations sous contrôle commun, ce qui est le cas pour les sociétés Oreste et Raoul puisque la société Oreste possède 60 % des droits de vote de la société Raoul et en assume ainsi le contrôle, les apports effectués doivent être réalisés aux valeurs comptables.

Comme les apports sont inscrits dans les comptes de la société bénéficiaire pour les valeurs figurant dans le traité d'apport (projet de fusion), il est nécessaire que l'actif et le passif apportés soit évalués à la valeur comptable dans le projet de fusion.

2. Ordre du jour des assemblées générales

a) Assemblée générale extraordinaire de la société absorbante

- Rapport du conseil d'administration (ou du directoire).
- Constatation de la réalisation de l'augmentation de capital, du caractère définitif de la fusion et de la dissolution de la société absorbée.
- Modification des statuts.

b) Assemblée générale extraordinaire de la société absorbée

- Rapport du conseil d'administration (ou du directoire).
- Approbation de la fusion.
- Dissolution (sous condition suspensive de vote positif conforme dans la société absorbante).

3. Contenu du rapport du commissaire à la fusion

Dans son rapport, le commissaire à la fusion doit indiquer la ou les méthodes suivies pour la détermination du rapport d'échange proposé, indiquer si cette ou ces méthodes sont adéquates en l'espèce et mentionner les valeurs auxquelles chacune de ces méthodes conduit et préciser en outre les difficultés particulières d'évaluation s'il en existe.

5 Fusion : aspects fiscaux

1 Le régime de faveur des fusions
2 Fiscalité du mali technique
3 Réintégration dans les bénéfices imposables des plus-values dégagées lors de l'apport de biens amortissables

PRINCIPES CLÉS

En vue d'encourager les restructurations d'entreprises, un régime d'exonération et de sursis d'imposition a été institué pour les fusions de sociétés passibles de l'impôt sur les sociétés.

Ce régime, prévu par l'article 210 A du Code général des impôts repose sur l'idée que la fusion est une opération intercalaire et que la société absorbante continue simplement la société absorbée, avec toutefois des limitations au transfert des déficits.

Ce régime spécial est optionnel et les sociétés peuvent y renoncer si elles estiment que le régime de droit commun (dans lequel les plus-values de réalisation des éléments d'actif sont immédiatement imposables, mais peuvent venir se compenser avec des déficits reportables) leur est plus favorable.

1 Le régime de faveur des fusions

- Dans le cadre du régime spécial des fusions de l'article 210 A du CGI, les plus-values nettes et les profits dégagés sur l'ensemble des éléments d'actif apportés du fait d'une fusion ne sont pas soumis à l'impôt sur les sociétés. Il en est de même de la plus-value éventuellement dégagée par la société absorbante lors de l'annulation des actions ou parts de son propre capital qu'elle reçoit ou qui correspondent à ses droits dans la société absorbée.
- L'impôt sur les sociétés n'est applicable aux provisions figurant au bilan de la société absorbée que si elles deviennent sans objet.
- L'application de ces dispositions est subordonnée à la condition que la société absorbante s'engage, dans l'acte de fusion, à respecter les prescriptions suivantes :

  a) elle doit reprendre à son passif :
  - d'une part, les provisions dont l'imposition est différée ;
  - d'autre part, la réserve spéciale où la société absorbée a porté les plus-values à long terme soumises antérieurement au taux réduit, ainsi que la réserve où ont été portées les provisions pour fluctuation des cours ;

b) elle doit se substituer à la société absorbée pour la réintégration des résultats dont la prise en compte avait été différée pour l'imposition de cette dernière ;
c) elle doit calculer les plus-values réalisées ultérieurement à l'occasion de la cession des immobilisations non amortissables qui lui sont apportées d'après la valeur qu'elles avaient, du point de vue fiscal, dans les écritures de la société absorbée ;
d) elle doit réintégrer dans ses bénéfices imposables des exercices à venir les plus-values dégagées lors de l'apport des biens amortissables ;
e) elle doit inscrire à son bilan les éléments autres que les immobilisations pour la valeur qu'ils avaient, du point de vue fiscal, dans les écritures de la société absorbée. À défaut, elle doit comprendre dans ses résultats de l'exercice au cours duquel intervient l'opération, le profit correspondant à la différence entre la nouvelle valeur de ces éléments et la valeur qu'ils avaient, du point de vue fiscal, dans les écritures de la société absorbée.

2 Fiscalité du mali technique

L'inscription à l'actif de la société absorbante du mali technique de fusion consécutif à l'annulation des titres de la société absorbée ne peut donner lieu à aucune déduction ultérieure.

3 Réintégration dans les bénéfices imposables des plus-values dégagées lors de l'apport de biens amortissables

- La réintégration des plus-values est effectuée par parts égales sur une période de quinze ans pour les constructions et les droits qui se rapportent à des constructions ; dans les autres cas, la réintégration s'effectue par parts égales sur une période de cinq ans. Lorsque le total des plus-values nettes sur les constructions, les plantations et les agencements et aménagements des terrains excède 90 % de la plus-value nette globale sur éléments amortissables, la réintégration des plus-values afférentes aux constructions, aux plantations et aux agencements et aménagements des terrains est effectuée par parts égales sur une période égale à la durée moyenne pondérée d'amortissement de ces biens.
- Toutefois, la cession d'un bien amortissable entraîne l'imposition immédiate de la fraction de la plus-value afférente à ce bien qui n'a pas encore été réintégrée. En contrepartie, les amortissements et les plus-values ultérieurs afférents aux éléments amortissables sont calculés d'après la valeur qui leur a été attribuée lors de l'apport.

Application

En avril N, le président de la société anonyme Grégoire sollicite votre concours afin de réaliser une opération de restructuration industrielle.

Son plan consisterait en une fusion-absorption par la société Grégoire de la société anonyme Rosalie.

Le projet prévoit une rétroactivité des apports au 1er janvier N. Le bilan de la société Rosalie vous est fourni en annexe (annexe 1) ainsi que les valeurs réelles des actifs et passifs de la société Rosalie (si ces valeurs sont différentes des valeurs comptables) (annexe 2).

1. Déterminer les plus-values fiscales relatives à l'actif immobilisé de la société Rosalie. Déterminer le montant de la fiscalité qui pourra être reprise par la société Grégoire, le régime de faveur étant appliqué. On prendra un taux de 33 1/3 %.

2. Indiquer quel montant devra être repris chaque année par la société Grégoire, les amortissements dérogatoires ne concernant que les matériels.

3. L'apport a été réalisé en valeurs réelles. L'une des installations techniques apportée pour 145 000 € (elle était inscrite pour 100 000 € dans l'actif de la société Rosalie et n'a pas fait l'objet d'amortissements dérogatoires) le 1er janvier N est cédée le 30 juin N+1 pour 120 000 € hors taxes. Cette immobilisation est amortie en linéaire sur cinq ans par la société absorbante. Déterminer les conséquences fiscales de cette opération au regard du régime d'imposition des plus-values.

4. Que se passe-t-il si une société absorbante est dans l'impossibilité de reconstituer les provisions réglementées de la société absorbée l'année de la fusion ?

5. Supposons que les stocks ont une valeur d'usage de 2 100 000 € (cette indication n'est à utiliser que pour cette question). L'apport sur le stock fait donc apparaître un profit net. Étudier les deux cas suivants :
a) la société absorbante inscrit à son bilan le stock pour une valeur de 2 000 000 € ;
b) la société absorbante inscrit à son bilan le stock pour une valeur de 2 100 000 €.

Annexe 1 : Bilan de la société Rosalie au 1er janvier N (en milliers d'euros)

Frais d'établissement	150	Capital social	2 000
Fonds de commerce	300	Réserves	1 600
Terrains	500	Résultat	200
Constructions	3 000	Provision pour HP	90
Matériels	1 000	Provision pour investis.	60
Autres immobilisat. corp.	200	Amortissements dérogat.	330
Immobilisations financ.	100		4 280
Stocks et en cours	2 000	Provisions pour risques	300
Créances clients	1 200	Dettes	4 400
Autres créances	400	Écart de convers. passif	20
Disponibilités	100		
Écart de convers. actif	50		
	9 000		9 000

Annexe 2 : Valeurs réelles des apports de la société Rosalie (en milliers d'euros)

• Fonds de commerce :	500
• Terrains :	800
• Constructions :	3 600
• Matériels :	1 300
• Autres immobilisations corporelles :	380

Remarque : les écarts de conversion actif ont été provisionnés en totalité.

Corrigé

1. Plus-values constatées et impôt

Tableau des plus-values fiscales réalisées sur l'actif immobilisé de la société Rosalie

	Valeurs comptables	Valeurs réelles	Plus-values
Fonds de commerce	300 000	500 000	200 000
Terrains	500 000	800 000	300 000
Constructions	3 000 000	3 600 000	600 000
Matériels	1 000 000	1 300 000	300 000
Autres immobilisations	200 000	380 000	180 000
Total	5 000 000	6 580 000	1 580 000

Si le régime de faveur est appliqué, ne seront imposés (de manière différée) que les plus-values sur :

– les constructions :	600 000
– les matériels :	300 000
– les autres immobilisations :	180 000
	1 080 000

auxquelles il faudra rajouter :

– les amortissements dérogatoires :	330 000
	1 410 000

Les frais d'établissement non amortis, soit 150 000 €, pourront être déduits du résultat fiscal.
Le résultat fiscal résultant de la fusion est donc de : 1 410 000 – 150 000 = 1 260 000, ce qui correspond à un impôt de 1 260 000 × 33 1/3 % = 420 000 € (qui pourra être étalé sur plusieurs années).

2. Montant devant être repris chaque année

Conformément à l'article 210 A (al. 3 d) du CGI, la réintégration des plus-values est effectuée par parts égales sur une période de 15 ans pour les constructions et droits assimilés et sur une période 5 ans dans les autres cas.

La durée de réintégration égale à la durée moyenne d'amortissement des biens n'est pas applicable puisque la plus-value sur constructions n'est pas supérieure à 90 % de la plus-value totale.
Le montant de la reprise annuelle est donc de :
600 000 / 15 + (1 410 000 – 600 000) / 5 = 202 000 €.

3. Conséquences fiscales de la cession

La cession d'un bien amortissable entraîne l'imposition immédiate de la fraction de la plus-value afférente à ce bien qui n'a pas encore été réintégrée.
En contrepartie, les amortissements et les plus-values ultérieurs afférents aux éléments amortissables sont calculés d'après la valeur qui leur a été attribuée lors de l'apport.
Au 30 juin N+1, la quote-part de la plus-value non encore réintégrée est de :
(145 000 – 100 000) × 3,5 / 5 = 31 500 €.
Au 30 juin N+1, la valeur nette comptable de l'installation est de :
145 000 – 145 000 × 1,5 / 5 = 101 500 €.
Le prix de cession étant de 120 000 €, la plus-value dégagée est de 120 000 – 101 500 = 18 500 €, à laquelle il faut rajouter la plus-value de fusion non réintégrée, ce qui donne une plus-value totale de : 31 500 + 18 500 = 50 000 €.

4. Reconstitution des provisions réglementées

Conformément à l'article 210 A (al. 3 a.) du CGI, la société absorbante doit reprendre à son passif les provisions dont l'imposition est différée. En cas d'impossibilité, ces provisions deviennent immédiatement imposables.

5. Analyse des stocks

Toujours conformément à l'article 210 A (al. 3 e) du CGI, la société absorbante doit inscrire à son bilan les éléments autres que les immobilisations pour la valeur qu'ils avaient, du point de vue fiscal, dans les écritures de la société absorbée.
À défaut, elle doit comprendre dans ses résultats de l'exercice au cours duquel intervient l'opération le profit correspondant à la différence entre la nouvelle valeur de ces éléments et la valeur qu'ils avaient, du point de vue fiscal, dans les écritures de la société absorbée.
Ainsi, si elle inscrit à son bilan les stocks pour une valeur de 2 000 000 € (les 100 000 € de différence étant inscrits dans un compte d'ordre), la plus-value sur ceux-ci ne sera imposée qu'au moment de la cession des dits stocks.
Si les stocks sont inscrits pour 2 100 000 €, la plus-value de 100 000 € sera imposée à la fin de l'exercice N.

Fusion : évaluation des parités 6

1 Les méthodes patrimoniales
2 Les méthodes fondées sur la rentabilité
3 Les méthodes d'estimations comparatives
4 Les approches mixtes (ou dualistes)

PRINCIPES CLÉS

La parité est le rapport d'échange des titres anciens contre des titres nouveaux, en particulier dans le cadre de la fusion par absorption.
Le problème est de définir la valeur de chaque titre, puisque ce sont ces valeurs qui vont permettre d'établir la parité.
La valeur retenue pour le calcul de la parité d'échange peut, pour la société absorbée, être différent de la valeur d'apport. Celle-ci doit (*fiche 3*), conformément à l'article 743-1 du PCG, être soit la valeur comptable, soit la valeur réelle, selon la situation de contrôle au moment de l'opération et le sens de l'opération.
En fait, ce qui importe pour l'évaluation des parités, c'est moins l'évaluation de l'actif net des sociétés que la comparaison de leur « poids respectif ».
Cette comparaison implique en particulier :
- l'emploi de méthodes d'évaluation multicritères ;
- l'homogénéité des méthodes d'emploi de ces critères.

De nombreuses méthodes peuvent être utilisées pour l'évaluation des parités ; on peut distinguer :
- les méthodes patrimoniales ;
- les méthodes fondées sur la rentabilité ;
- les méthodes d'estimations comparatives ;
- les approches mixtes (ou dualistes).

1 Les méthodes patrimoniales

On peut distinguer deux méthodes (principales) :

- L'**actif net comptable** : l'actif net comptable ou situation nette comptable est la différence entre le montant total de l'actif et l'endettement total. Cette méthode ne donne qu'une estimation peu réaliste du capital susceptible d'être récupéré. En effet, elle se fonde sur des valeurs historiques parfois fort éloignées de la réalité économique.

- L'**actif net comptable corrigé** (ou valeur intrinsèque) : il représente le montant du capital qu'il serait actuellement nécessaire d'investir pour reconstituer le patrimoine de l'entreprise dans l'état où il se trouve. La détermination de cet actif net comptable corrigé consiste à reconstituer l'actif réel (à partir d'une évaluation à la valeur de marché des éléments) et le passif exigible réel.

La valeur du titre (parfois appelée valeur mathématique ou intrinsèque) peut être dégagée de l'actif net comptable ou de l'actif net comptable corrigé est divisant ces actifs nets par le nombre de titres qui composent le capital social.

2 Les méthodes fondées sur la rentabilité

Les approches fondées sur la rentabilité s'appuient sur le principe qui veut que la valeur économique d'un bien soit la valeur actuelle de ses produits futurs. On distingue les méthodes d'évaluation par actualisation ou capitalisation des dividendes, par actualisation ou capitalisation des bénéfices et par actualisation des flux de trésorerie.

a. Méthodes d'évaluation par actualisation ou capitalisation des dividendes

Ces méthodes considèrent que la valeur d'une entreprise (ou d'un titre) est la somme des valeurs actuelles de ses dividendes futurs. Il faut tenir compte de la valeur de revente de l'entreprise (ou du titre) après un certain nombre d'années.

■ *Valeur déterminée sur un nombre fini d'années*

$$V = \sum_{t=1}^{t=n} \frac{d_t}{(1+i)^t} + \frac{A_n}{(1+i)^n}$$

avec d = dividende, A_n = valeur terminale, t = rang de l'année, n = nombre total d'années et i = taux d'actualisation

■ *Valeur déterminée à partir d'un dividende constant sur un nombre infini d'années (valeur financière)*

$$V = \frac{d}{i}$$

avec d = dividende et i = taux d'actualisation

b. Méthodes d'évaluation par actualisation ou capitalisation des bénéfices

Ces méthodes considèrent que la valeur d'une entreprise (ou d'un titre) est la somme des valeurs actuelles de ses bénéfices futurs.

■ ***Valeur déterminée sur un nombre fini d'années***

$$V = \sum_{t=1}^{t=n} \frac{b_t}{(1+i)^t}$$

Avec b = bénéfice, t = rang de l'année, n = nombre total d'années et i = taux d'actualisation

■ ***Valeur déterminée à partir d'un bénéfice constant sur un nombre infini d'années (valeur de rendement)***

$$V = \frac{b}{i}$$

Avec b = bénéfice et i = taux d'actualisation

On peut observer que cette évaluation correspond aussi à une valorisation dans laquelle le bénéfice est constant durant plusieurs années et la valeur de revente est égale à l'évaluation. On peut ainsi écrire que :

$$V = b \times \frac{1-(1+i)^{-n}}{i} + V \times (1+i)^{-n}$$

$$V \times \left[1-(1+i)^{-n}\right] = \frac{b}{i} \times \left[1-(1+i)^{-n}\right]$$

$$V = \frac{b}{i}$$

c. Méthode d'évaluation par actualisation des flux futurs de trésorerie

Cette méthode, ou « méthode du *discounted cash flow* (DCF) » consiste à calculer, par actualisation, la valeur nette des flux de trésorerie attendus d'une activité. Le montant ainsi déterminé correspond au prix qu'un acquéreur devrait accepter de payer pour un investissement donné, puisque cet investissement lui permettra de couvrir de coût des capitaux propres (dettes et fonds propres) qu'il engage.

$$V = \sum_{t=1}^{t=n} \frac{CF_t}{(1+i)^t} + \frac{A_n}{(1+i)^n} - VD$$

avec CF = cash flow, i = taux d'actualisation, t = rang de l'année, n = nombre d'années, A_n = valeur terminale, VD = valeur de l'endettement financier net.

3 Les méthodes d'estimations comparatives

Les estimations comparatives consistent à comparer un critère de rentabilité de l'entreprise au même critère d'autres entreprises et d'en déduire la valeur de l'entreprise de celles des autres entreprises.

a) Estimation par le dividende

$$V = d \times 1/r$$

Avec r (*return on value market*) = quotient du dividende par la capitalisation boursière des entreprises choisies pour servir de référence.

b) Estimation par le résultat

$$V = b \times P/E$$

Avec *P/E* (*Price /Earning ratio*) = quotient de la capitalisation boursière par le bénéfice de sociétés similaires.

4 Les approches mixtes (ou dualistes)

Les approches dualistes tiennent compte à la fois des valeurs des éléments qui constituent le patrimoine de l'entreprise et de sa rentabilité.
Elles s'appuient sur la notion de goodwill (GW) (ou survaleur) qui est l'excédent de la valeur globale de l'entreprise sur la somme des valeurs des différents éléments corporels et incorporels qui la composent.

a) La méthode des praticiens

Dans la méthode des praticiens, la valeur de l'entreprise est égale à la moyenne arithmétique entre la valeur de rendement (VR) et l'actif net comptable corrigé (ANCC).

$$\text{V} = 1/2(\text{VR} + \text{ANCC})$$

Ou

$$\text{V} = \text{ANCC} + \text{GW}$$

Avec :

$$GW = \frac{VR - ANCC}{2}$$

b) La méthode de la rente de goodwill

Les méthodes de rente de goodwill évaluent l'entreprise comme étant la somme de l'actif net comptable corrigé et de la valeur actualisée des rentes de goodwill.
La rente de goodwill est le bénéfice au-delà de la rémunération au taux de marché *k* d'une valeur patrimoniale ou économique de l'entreprise (VPE).

$$R = B - kVPE$$

Soit :

$$GW = \sum_{t=1}^{t=n} \frac{R_t}{(1+i)^t}$$

si *n* est infini et *R* constant, on obtient :

$$GW = \frac{R}{i}$$

et

$$V = ANCC + GW$$

c. Valeur substantielle brute, immobilisée, capitaux permanents nécessaires à l'exploitation

Les valeurs patrimoniales ou économiques de l'entreprise qui peuvent être utilisées pour calculer la rente de goodwill sont l'actif net comptable corrigé (en excluant les éléments hors exploitation), la valeur substantielle brute, les capitaux permanents nécessaires à l'exploitation. Ces valeurs doivent être rapprochées des résultats qui doivent les financer (ainsi la valeur substantielle brute doit être financée par le résultat de l'exercice augmenté de toutes les charges d'intérêt).

■ La valeur substantielle brute

La valeur substantielle brute représente l'actif total nécessaire pour réaliser l'objet de l'entreprise : la base retenue dans l'évaluation à la valeur de marché des éléments (valeur intrinsèque ou actif net comptable corrigé) pour la détermination de l'actif est augmentée de la valeur de tous les éléments dont l'entreprise dispose sans être propriétaire et qui sont nécessaires à l'exploitation (biens en crédit-bail, créances escomptées). Elle est diminuée de la valeur des éléments étrangers à l'exploitation qui ne fourniront pas de services durables.

■ La valeur substantielle immobilisée

La valeur substantielle immobilisée est une valeur substantielle restreinte aux éléments de l'actif immobilisé, qui exclut l'actif circulant sous prétexte qu'il subit des fluctuations incessantes.

■ Les capitaux permanents nécessaires à l'exploitation

Le concept de capitaux permanents nécessaires à l'exploitation correspond à l'actif immobilisé nécessaire, tel qu'il est déterminé pour le calcul de la valeur substantielle, augmenté des besoins en fonds de roulement d'exploitation.

Application

Vous êtes appelé(e) à participer à l'évaluation des titres et à la détermination des parités dans le cadre de la fusion au 1er janvier N des sociétés « Forges de X », société anonyme au capital de 2 000 000 € (actions de 100 €) et « Forges de Y », société anonyme au capital de 800 000 € (actions de 100 €).
Le bilan au 31 décembre N–1 de la société « Forges de Y » vous est donné en annexe 1. La valeur de marché des actifs de la société « Forges de Y » et autres éléments vous sont donnés en annexe 2.

1. Déterminer la valeur de la société « Forges de Y » selon les méthodes suivantes :

- **actif net comptable ;**
- **actif net comptable corrigé ;**
- **valeur financière ;**
- **valeur de rendement ;**
- **actualisation des flux futurs de trésorerie ;**
- ***price / earning* ratio ;**
- **méthode des praticiens ;**
- **rente de goodwill (calculée à partir de l'actif net comptable corrigé d'exploitation) ;**
- **rente de goodwill (calculée à partir de la valeur substantielle brute) ;**
- **rente de goodwill (calculée à partir des capitaux permanents nécessaires à l'exploitation).**

2. Déterminer la valeur qui sera retenue pour l'action de société « Forges de Y » sachant que celle-ci sera la moyenne arithmétique des valeurs déterminées selon les méthodes suivantes : actualisation des flux futurs de trésorerie, méthode des praticiens, rente de goodwill (calculée à partir des capitaux permanents nécessaires à l'exploitation). Cette valeur sera arrondie aux dix euros supérieurs.

3. Déterminer la parité d'échange sachant que la valeur retenue pour la société « Forges de X » (établie selon les mêmes méthodes) est de 240 €.

Annexe 1 : Bilan de la société « Forges de Y » au 31 décembre N–1 (en k€)

Terrains	400	Capital	800
Constructions	600	Réserves	850
Autres immo. corporelles	800	Résultat	150
Stocks	400	Provisions	100
Créances	900	Emprunts	500
Trésorerie	100	Autres dettes	800
Total	3 200	Total	3 200

Annexe 2 : Valeur de marché des actifs de la société « Forges de Y » et autres éléments

Les actifs apportés par la société « Forges de Y » seront évalués comme suit :

- Terrains : 460 000
- Constructions : 750 000
- Autres immobilisations corporelles : 980 000
- Stocks : 430 000
- Les autres actifs et les passifs exigibles sont apportés à la valeur comptable.
- Les provisions sont justifiées.
- Le régime de faveur sera appliqué et le taux de l'impôt est de 33 1/3 %.

Il est vous fourni les autres éléments suivants :

- Le dividende attribuable au titre de l'exercice N–1 serait de 120 000 €.
- Il est prévu que les actifs de l'unité de production correspondant aux « Forges de Y » dégagent, au cours des cinq exercices à venir, des résultats nets d'exploitation après impôts estimés à 160 000, 170 000, 180 000, 190 000, 200 000 € ; les amortissements correspondants à ces exercices sont de 150 000 €, les investissements de 120 000 € en moyenne par an, les actifs et les passifs exigibles à court terme peuvent être évalués à l'horizon N+4 à des valeurs similaires à celles correspondant à l'actif net corrigé au 31 décembre N–1.
- Le *Price/Earning ratio* applicable au secteur de l'entreprise est de 15,5.
- Les actifs non nécessaires à l'exploitation sont estimés (valeur nette déduction faite des impôts sur plus-values) à 100 000 € ; les produits et charges correspondantes (avant impôt) sont respectivement de 30 000 et 12 000 €.
- Un bien en location-financement (crédit-bail) est estimé à 80 000 €. La redevance annuelle est de 18 000 € (alors que les amortissements de ce bien et les intérêts qui ont versés en N–1 sont estimés à respectivement 9 000 € et 6 000 €).

•••

• Il y a lieu de tenir compte de 27 000 € d'intérêts sur le financement à long terme et 4 500 € d'intérêts pour le financement à court terme.
• Le besoin en fonds de roulement nécessaire à l'exploitation peut être estimé à 530 000 €.
• Les rentes de goodwill seront calculées à partir du résultat de l'exercice N–1 et seront actualisées sur 5 ans.
• Les taux à prendre à compte sont de 6 % pour la capitalisation du résultat, 5 % pour la capitalisation du dividende, 6 % pour l'actualisation des flux financiers, 8 % pour l'actualisation de la rente de goodwill, 4 % pour la rémunération de l'actif net comptable corrigé d'exploitation, 3 % pour la rémunération de la valeur substantielle brute et 3,5 % pour la rémunération des capitaux permanents nécessaires à l'exploitation.

Corrigé

1. Détermination des valeurs de la société « Forges de Y »

Actif net comptable :

Actif comptable – Passif exigible = 3 200 000 – (100 000 + 500 000 + 800 000)
= 1 800 000 €.

Actif net comptable corrigé

Détermination des plus-values de fusion et effet fiscal :

Eléments	Valeur d'apport	Valeur comptable	Plus-values
Terrains	460 000	400 000	60 000
Constructions	750 000	600 000	150 000
Autres immobilisations corporelles	980 000	800 000	180 000
Stocks	430 000	400 000	30 000
Total	2 620 000	2 200 000	420 000

Effet fiscal : le régime de faveur étant appliqué, l'impôt sera calculé uniquement (impôt différé) sur les plus-values afférentes aux immobilisations amortissables et aux stocks :

(150 000 + 180 000 + 30 000) × 33 1/3 % = 120 000.

Actif réel :

• Immobilisations et stocks :	2 620 000
• Créances :	900 000
• Trésorerie :	100 000
	3 620 000

Passif exigible :

• Impôts différés :	120 000
• Provisions :	100 000
• Emprunts :	500 000
• Autres dettes :	800 000
	1 520 000

Actif net comptable corrigé : 3 620 000 – 1 520 000 = 2 100 000 €.

Valeur financière

120 000 / 0,05 = 2 400 000 €.

Valeur de rendement

150 000 / 0,06 = 2 500 000 €

Actualisation des flux futurs de trésorerie

Flux futurs de trésorerie (en k€) :

Années	N	N+1	N+2	N+3	N+4
Résultat	160 000	170 000	180 000	190 000	200 000
Amortissements	150 000	150 000	150 000	150 000	150 000
Cash flows bruts	310 000	320 000	330 000	340 000	350 000
Investissements	120 000	120 000	120 000	120 000	120 000
Flux nets de trésorerie	190 000	200 000	210 000	220 000	230 000

On considèrera pour l'actualisation que ces flux de trésorerie sont dégagés en milieu d'exercice.

Valeur de l'entreprise :

$190\,000 \times 1{,}06^{-0{,}5} + 200\,000 \times 1{,}06^{-1{,}5} + 210\,000 \times 1{,}06^{-2{,}5} + 220\,000 \times 1{,}06^{-3{,}5} + 230\,000 \times 1{,}06^{-4{,}5}$
$+ [3\,620\,000 - (120\,000 + 100\,000 + 800\,000)] \times 1{,}06^{-5} - 500\,000 = 2\,348\,572$ €.

Price/Earning ratio

150 000 × 15,5 = 2 325 000 €.

Méthode des praticiens

(2 100 000 + 2 500 000) / 2 = 2 300 000 €

Rente de goodwill (calculée à partir de l'actif net comptable corrigé d'exploitation)

- Actif net comptable corrigé d'exploitation 2 100 000 – 100 000 = 2 000 000 ;
- rémunération de l'actif net comptable corrigé d'exploitation : il y a lieu de déduire les produits nets après impôts hors exploitation :
  150 000 – (30 000 – 12 000) × 66 2/3 % = 138 000.
- Rente de goodwill : 138 000 – 2 000 000 × 4 % = 58 000.
- Goodwill : $58\,000 \times \dfrac{1-1{,}08^{-5}}{0{,}08} = 231\,577$.
- Valeur de l'entreprise : 2 100 000 + 231 577 = 2 331 577 €.

Rente de goodwill (calculée à partir de la valeur substantielle brute)

- Valeur substantielle brute :
  3 620 000 + 80 000 (crédit bail) – 100 000 (hors exploitation) = 3 600 000.
- Rémunération de la valeur substantielle brute : ce résultat ne tient pas compte de l'ensemble des charges financières nettes d'impôt, y compris celles relatives au crédit-bail :
  138 000 + [(18 000 – 9 000) + 27 000 + 4 500)] × 66 2/3 %] = 165 000.
- Rente de goodwill : 165 000 – 3 600 000 × 3 % = 57 000.
- Goodwill : $57\,000 \times \dfrac{1-1{,}08^{-5}}{0{,}08} = 227\,584$.
- Valeur de l'entreprise : 2 100 000 + 227 584 = 2 327 584 €.

Rente de goodwill (calculée à partir des capitaux permanents nécessaires à l'exploitation)

- Valeur substantielle immobilisée :
  460 000 + 750 000 + 980 000 + 80 000 – 100 000 = 2 170 000
- Capitaux permanents nécessaires à l'exploitation : 2 170 000 + 530 000 = 2 700 000
- Rémunération des capitaux permanents nécessaires à l'exploitation : ce résultat ne tient pas compte des charges financières à long terme nettes d'impôt : par rapport à la rémunération de la valeur substantielle brute, il faut déduire les charges financières à court terme nettes d'impôt :
  165 000 – 4 500 × 66 2/3 % = 162 000
- Rente de goodwill : 162 000 – 2 700 000 × 3,5 % = 67 500
- Goodwill : $67\,500 \times \dfrac{1-1{,}08^{-5}}{0{,}08} = 269\,508$.
- Valeur de l'entreprise : 2 100 000 + 269 508 = 2 369 508 €.

2. Détermination de la valeur de l'action « Forges de Y »

- Valeur selon actualisation des flux de trésorerie : 2 348 572
- Valeur selon méthode des praticiens : 2 300 000
- Valeur selon rente de goodwill (capitaux permanents) : 2 369 508
- Valeur moyenne : (2 348 572 + 2 300 000 + 2 369 508) / 3 = 2 339 360 €.
- Valeur de l'action : 2 339 360 / 8 000 = 292,42 €, arrondi à 300 €.

3. Parité d'échange

Il sera échangé 5 actions « Forges de X » contre 4 actions « Forges de Y », 5 actions « Forges de X » valant 5 × 240 = 1 200 € et 4 actions « Forges de Y» valant 4 × 300 = 1 200 €.

Fusion : comptabilisation aux valeurs réelles

7

1 Détermination des valeurs individuelles des apports
2 La prime de fusion
3 Opérations réciproques
4 Provisions réglementées

PRINCIPES CLÉS

Les apports sont comptabilisés à la valeur réelle lorsqu'il s'agit d'opérations à l'endroit impliquant des sociétés sous contrôle distinct. Ces opérations sont considérées par le PCG (art. 743-1) comme des opérations de prise de contrôle.
Lorsque les apports sont évalués à la valeur réelle, les valeurs individuelles des actifs et passifs apportés correspondent aux valeurs réelles attribuées à chacun des éléments inscrits dans le traité d'apport, figurant ou non à l'actif (par exemple les marques ou les impôts différés actifs) ou au passif (par exemple les provisions pour retraites ou les impôts différés passifs) du bilan de l'absorbée ou de la société apporteuse à la date de l'opération.

1 Détermination des valeurs individuelles des apports

Les valeurs individuelles des apports s'apprécient en fonction du marché et de l'utilité du bien pour la société. Pour l'établissement de ces valeurs, la société utilise les références ou les techniques les mieux adaptées à la nature du bien, telles que les prix de marché, les indices spécifiques et des expertises indépendantes.
La différence éventuelle entre la valeur globale des apports et la somme algébrique des valeurs réelles des actifs et passifs identifiés, est également inscrite dans le traité d'apport ou autre document faisant foi, sur une ligne « fonds commercial », reprise comme telle au bilan de la société bénéficiaire.

2 La prime de fusion

La prime de fusion est égale à la prime d'émission des nouveaux titres émis par la société absorbante.

Remarque

Au cas où la société absorbante possède une participation minoritaire dans la société absorbée, la plus-value sur les titres possédés est un boni de fusion qui vient s'ajouter à la prime de fusion.

Exemple

La société Alpha, société anonyme au capital de 1 000 000 € (actions de 100 €) vient d'absorber la société Bêta, société anonyme au capital de 600 000 € (actions de 100 €).
Au moment de la fusion, le bilan de la société Bêta se présentait comme suit :

Bilan de la société Bêta au moment de la fusion (en k€)

Terrains	200	Capital	600
Constructions	400	Réserves	300
Autres immo. corporelles	500	Résultat	50
Stocks	200	Provisions	50
Créances	500	Emprunts	500
Trésorerie	100	Autres dettes	400
Total	1 900	Total	1 900

Il sera remis 4 actions Alpha contre 5 actions Bêta.
Les actifs apportés par la société Bêta seront évalués comme suit :

- Terrains : 230 000
- Constructions : 460 000
- Autres immobilisations corporelles : 560 000
- Stocks : 215 000

Les autres actifs et les passifs exigibles sont apportés à la valeur comptable.
Les provisions sont justifiées.
Le fonds commercial est évalué (par différence) à 130 000 €.
Les impôts liés à l'opération de fusion sont évalués à 45 000 €.
La valeur de d'apport de la société Bêta peut ainsi être estimé à :

230 000 + 460 000 + 560 000 + 215 000 + 500 000 + 100 000 – 50 000 – 500 000 – 400 000 – 45 000 + 130 000 = 1 200 000 €.

Comme le capital de la société Bêta est de 6 000 actions, la valeur de l'action Bêta au moment de la fusion est de 1 200 000 / 6 000 = 200 €.
Comme il sera remis 4 actions Alpha comme 5 actions Bêta, la valeur d'émission de l'action Alpha est de 200 × 5/4 = 250 €. Comme la valeur nominale de l'action Alpha est de 100 €, la prime d'émission par action nouvelle est de : 250 – 100 = 150 €.
Il sera créé 6 000 × 4/5 = 4 800 actions nouvelles.

Dans les livres de la société Alpha on passera les écritures suivantes :

	Date		
456	Société Bêta, compte d'apport	1 200 000	
101	Capital social		480 000
	100 × 4 800		
1042	Prime de fusion		720 000
	150 × 4 800		
	Absorption de la société Bêta		
207	Fonds commercial	130 000	
211	Terrains	230 000	
212	Constructions	460 000	
218	Autres immobilisations corporelles	560 000	
3.	Stocks	215 000	
4.	Créances	500 000	
5.	Trésorerie	100 000	
155	Provisions pour impôt		45 000
158	Autres provisions		50 000
16	Emprunts		500 000
4.	Autres dettes		400 000
456	Société Bêta, compte d'apport		1 200 000
	Réalisation de l'apport		

3 Opérations réciproques

Les opérations réciproques entre la société absorbante et la société absorbée doivent être éliminées. Il en est ainsi notamment des dettes et créances réciproques.

Les effets à recevoir et les effets à payer s'éliminent réciproquement mais, lorsque l'effet à recevoir est remis à l'escompte, le concours bancaire consenti au groupe est substitué à l'effet à payer.

Exemple

Au moment de la fusion, il est constaté que la société Alpha a vendu des produits à la société et que la créance concernant ces produits est de 50 000 € TTC.

On passera l'écriture suivante à la suite des écritures de fusion :

4.	Autres dettes	50 000	
4.	Autres créances		50 000
	Dettes et créances réciproques		

4 Provisions réglementées

Conformément à l'article 210 A du CGI, la société absorbante doit reprendre à son passif :

- d'une part, les provisions dont l'imposition est différée ;
- d'autre part, la réserve spéciale où la société absorbée a porté les plus-values à long terme soumises antérieurement au taux réduit ainsi que la réserve où les provisions pour fluctuation des cours ont été portées.

Application

La société Alexandre, société anonyme au capital de 2 000 000 € (actions de 50 €), envisage d'absorber, avec effet au 1er janvier N, la société Dumas, société anonyme au capital de 500 000 € (actions de 100 €).

En janvier N–4, lors d'une augmentation de capital de la société Dumas, la société Alexandre avait souscrit 500 actions Dumas au prix d'émission de 160 €.

Le bilan de la société Dumas vous est fourni en annexe 1. Les conditions de la fusion vous sont fournies en annexe 2.

1. **Calculer la valeur d'apport de la société Dumas.**
2. **Déterminer la parité d'échange entre les titres Alexandre et les titres Dumas, le montant de l'augmentation de capital et celui de la prime de fusion totale.**
3. **Passer les écritures dans la société Alexandre.**

Annexe 1 : Bilan de la société Dumas au 31 décembre N–1 (en k€)

Frais d'établissement	30	Capital	500
Brevets et logiciels	150	Primes d'émission	120
Terrains	200	Réserves	400
Constructions	500	Résultat	80
Installations et matériels	400	Prov. pour hausse de prix	60
Autres immo. corporelles	120	Amortis. dérogatoires	90
Stocks	220	Provisions	70
Clients	400	Emprunts	400
Autres créances	100	Fournisseurs	300
Trésorerie	80	Autres dettes	180
Total	2 200	Total	2 200

Les créances clients ont fait l'objet de dépréciations à hauteur de 20 000 €.

Annexe 2 : Conditions de la fusion

• Les actifs immobilisés et les stocks de la société Dumas sont repris aux valeurs suivantes :

– brevets et logiciels :	210 000
– terrains :	250 000
– constructions :	650 000
– installations et matériels :	520 000
– autres immobilisations corporelles :	150 000
– stocks :	250 000

• Les autres actifs (créances et disponibilités) sont repris à leur valeur comptable.
• Les dettes sont également repris à leur valeur comptable.
• Les provisions comptabilisées sont justifiées.
• Il y a lieu de tenir compte d'une provision pour pensions et obligations similaires (non constatée en comptabilité dans la société Dumas) de 190 000 € (dont 15 000 € pour N–1).
• Sera appliqué le régime de faveur de l'article 210 A du CGI ; le taux de l'impôt sur les bénéfices est de 33 1/3 %.
• Le goodwill (fonds de commerce) est estimé à 200 000 €.
• Les modalités d'échange seront déterminées sur la base de la moyenne entre la valeur mathématique de l'action et sa valeur de rendement (méthode dite des praticiens).
• La valeur de rendement se calcule à partir d'un bénéfice ne tenant pas compte des dotations aux provisions réglementées, mais tenant compte d'une éventuelle provision pour pensions et obligations similaires. En N–1, les dotations nettes aux provisions réglementées étaient de 30 000 €. Le taux d'intérêt à prendre pour le calcul de la valeur de rendement est de 5 % après impôt.
• La valeur de l'action Alexandre à prendre en compte dans le cadre de l'échange est de 120 €.

Corrigé

1. Détermination de la valeur d'apport de la société Dumas

Il y a lieu de déterminer les plus-values de cession des éléments d'actif (immobilisations et stocks) en vue d'en déduire l'effet fiscal.

Éléments	Valeur d'apport	Valeur comptable	Plus-values
Brevets et logiciels	210 000	150 000	60 000
Terrains	250 000	200 000	50 000
Constructions	650 000	500 000	150 000
Installations et matériels	520 000	400 000	120 000
Autres immobilisations corporelles	150 000	120 000	30 000
Stocks	250 000	220 000	30 000
Total	2 030 000	1 590 000	440 000

Sur le plan fiscal, des plus-values dégagées seule la plus-value sur terrains (immobilisations non amortissables) n'est pas à prendre en compte. En effet, selon l'article 210 A du CGI, les plus-values dégagées lors d'une fusion ne sont pas imposables. Toutefois, la société absorbante devra réintégrer dans les années à venir les plus-values provenant de biens amortissables. Quant aux stocks, ils seront imposés dans l'exercice s'ils sont portés à l'actif à leur valeur réelle ou lors de leur cession s'ils sont portés à l'actif à leur valeur fiscale.

Calcul de l'impôt net différé

• Plus-values : (440 000 – 50 000) × 33 1/3 % =	130 000
• Provisions pour hausse de prix : 60 000 × 33 1/3 % =	20 000
• Amortissements dérogatoires : 90 000 × 33 1/3 % =	30 000
• Frais d'établissement (à déduire) : 30 000 × 33 1/3 % =	– 10 000
	170 000

Calcul de la valeur d'apport

• Immobilisations et stocks :	2 030 000
• Fonds commercial :	200 000
• Clients :	400 000
• Autres créances :	100 000
• Trésorerie :	80 000
	2 810 000
À déduire :	
• Impôts différés :	170 000
• Provisions :	70 000
• Provisions pour pensions et obligations similaires :	190 000
• Emprunts :	400 000
• Fournisseurs :	300 000
• Autres dettes :	180 000
	1 310 000

Valeur nette de l'apport : 2 810 000 – 1 310 000 = 1 500 000 €.

2. Détermination de la parité d'échange, de l'augmentation de capital et de la prime de fusion

Le résultat à prendre en compte pour le calcul de la valeur de rendement de l'action Dumas est de 80 000 + 30 000 × 66 2/3 % (provisions réglementées) – 15 000 (provisions pour pensions et obligations similaires) = 85 000 €.
La valeur de rendement de l'action Dumas est donc de 85 000/ 5 000 / 0,05 = 340 €.
La valeur mathématique de l'action Dumas est de 1 500 000 / 5 000 = 300 €.
La valeur à prendre en compte pour la parité d'échange est donc de (340 + 300) / 2 = 320 €.
Il sera donc nécessaire d'émettre 8 actions Alexandre (8 × 120 = 960) pour 3 actions Dumas (3 × 320 = 960).
Le capital de la société Dumas est de 5 000 actions mais, compte tenu du fait que la société Alexandre en possède 500 (soit 10 % du capital), il ne faudra en rémunérer que 4 500.
L'augmentation de capital sera donc de 4 500 × 8/3 = 12 000 actions Alexandre à émettre à la valeur nominale de 50 €, soit 12 000 × 50 = 600 000 €.

Détermination de la prime de fusion totale

Les deux sociétés fusionnant étant sous contrôle distinct (la société Alexandre ne possède avant la fusion que 10 % du capital et donc n'en assume pas le contrôle), la valeur d'apport à prendre en compte sera de 1 500 000 €.
La prime de fusion sera la différence entre cette valeur d'apport, l'augmentation de capital et la valeur comptable des actions Dumas souscrites en N–4 par la société Alexandre (soit 500 × 160 = 80 000).
Cette prime de fusion sera de 1 500 000 – 600 000 – 80 000 = 820 000 €.

Elle peut aussi se déterminer de la manière suivante :

– prime d'émission sur les titres émis : 12 000 × (120 – 50) =	840 000
– plus-value (par rapport à la valeur d'échange) sur titres Dumas acquis en N–4 : 500 × (320 – 160) =	80 000
– écart dû à la différence entre valeur mathématique et valeur prise en compte pour les modalités d'échange des actions Dumas : 5 000 × (320 – 300) =	– 100 000
	820 000

3. Écritures d'absorption dans la société Alexandre

	1.01.N		
456	Société Dumas, compte d'apport	1 500 000	
101	Capital social		600 000
1042	Prime de fusion		820 000
261	Titres de participation		80 000
	Absorption de la société Dumas		
205	Brevets et logiciels	210 000	
207	Fonds commercial	200 000	
211	Terrains	250 000	
212	Constructions	650 000	
215	Installations et matériels	520 000	
218	Autres immobilisations corporelles	150 000	
3.	Stocks	250 000	
411	Clients *400 000 + 20 000*	420 000	
4.	Autres créances	100 000	
5.	Trésorerie	80 000	
153	Provisions pour pensions et obligations similaires		190 000
155	Provisions pour impôt		170 000
158	Autres provisions		70 000
16	Emprunts		400 000
401	Fournisseurs		300 000
4.	Autres dettes		180 000
491	Dépréciation des comptes clients		20 000
456	Société Dumas, compte d'apport		1 500 000
	Réalisation de l'apport		
1042	Prime de fusion	40 000	
155	Provisions pour impôts *60 000 × 33 1/3 %*	20 000	
1431	Provisions pour hausse de prix		60 000
	Reprise des provisions réglementées		

8 Fusion : comptabilisation aux valeurs comptables

1 Forme de la comptabilisation aux valeurs comptables et règles fiscales
2 Problème posé par les actifs fictifs et les provisions réglementées
3 Détermination de la prime de fusion
4 Actif net comptable insuffisant
5 Reprise des provisions réglementées

PRINCIPES CLÉS

Les apports sont comptabilisés à la valeur comptable lorsqu'il s'agit d'opérations à l'endroit impliquant des sociétés sous contrôle commun ou lorsqu'il s'agit d'opérations à l'envers (qu'il s'agisse de sociétés sous contrôle distinct ou de sociétés sous contrôle commun). Ces opérations sont considérées par le PCG (art. 743-1) comme des opérations de restructuration.
Lorsque les apports sont évalués à la valeur comptable, les valeurs comptables individuelles des actifs et passifs apportés correspondent aux valeurs de chaque actif et passif figurant dans les comptes de l'absorbée ou de la société apporteuse à la date d'effet de l'opération.

1 Forme de la comptabilisation aux valeurs comptables et règles fiscales

Si l'ensemble de ces apports doit être transcrit en comptabilité sur la base de leur valeur comptable, ces mêmes valeurs sont admises du point de vue fiscal à la double condition :

- que les apports soient et demeurent soumis, au regard de l'impôt sur les sociétés, au régime de faveur prévu aux articles 210 A et 210 B du code général des impôts ;
- que la société bénéficiaire des apports reprenne à son bilan les écritures comptables de la société apporteuse (valeur d'origine, amortissements, dépréciations) et qu'elle continue de calculer les dotations aux amortissements à partir de la valeur d'origine qu'avaient les biens dans les écritures de la société apporteuse.

2 Problème posé par les actifs fictifs et les provisions réglementées

Comme les autres actifs et passifs, les actifs fictifs et passifs fictifs (frais d'établissement, écarts de conversion), ainsi que les provisions réglementées (provisions pour hausse de prix, etc.), doivent être repris.

3 Détermination de la prime de fusion

La prime d'émission sur les nouvelles actions émises doit être calculée à partir de la valeur comptable de la société absorbée ; elle n'est pas la différence entre la valeur du titre dans la société absorbante et la valeur nominale de ce titre.

4 Actif net comptable insuffisant

Lorsque les apports doivent être évalués à la valeur nette comptable mais que l'actif net comptable apporté à une société ayant une activité préexistante est insuffisant pour permettre la libération du capital, les valeurs réelles des éléments apportés doivent être retenues.

5 Reprise des provisions réglementées

Pour pouvoir bénéficier du régime fiscal de faveur, la société absorbante doit (*voir fiche* 5) reprendre à son passif les provisions dont l'imposition est différée.
Cette obligation ne s'applique pas aux amortissements dérogatoires, lesquels peuvent simplement être réintégrés de manière extra-comptable dans le tableau de détermination du résultat fiscal sur les durées d'amortissements restant à courir (BOI 4 I-1-05, § 14).

Application

Les sociétés Achille, société anonyme au capital de 800 000 € (actions de 100 €), et Bertrand, société anonyme au capital de 600 000 € (actions de 15 €), sont les filiales d'une même société, la société Hubert.

Il est envisagé la fusion de ces deux sociétés au 1er janvier N, la société Achille absorbant la société Bertrand.

Pour les besoins de la fusion, les valeurs réelles des actions Achille et Bertrand ont été évaluées à 150 € et 30 €.

1. Déterminer quelle doit être l'augmentation de capital et la prime de fusion.
2. Présenter les écritures d'absorption dans la société Achille.

Annexe : Bilan de la société Bertrand au 31 décembre N–1 (en k€)

Actif	Brut	Amort. et dep.	Net	Passif	Net
Frais d'établiss.	50	30	20	Capital	600
Terrains	200		200	Réserves	200
Constructions	500	200	300	Résultat	40
Aut. immo. corp.	800	300	500	Provisions HP	60
Stocks	150	10	140	Am. dérogatoires	120
Clients	180	20	160	Provisions	40
Autres créances	80		80	Emprunts	200
Liquidités	50		50	Autres dettes	180
Écart conv. actif	20		20	Ecart conv. pass.	30
Total			1 470	Total	1 470

Corrigé

1. Détermination de l'augmentation de capital et de la prime de fusion

Le titre Achille ayant une valeur de 150 € et le titre Bertrand de 30 €, il sera remis une action Achille pour 5 actions Bertrand.

Comme le capital de Bertrand est de 40 000 actions de 15 €, soit 600 000 €, il sera remis aux actionnaires de Bertrand 40 000 / 5 = 8 000 actions Achille.

L'augmentation de capital sera donc de 8 000 × 100 = 800 000 €.

Les capitaux propres de la société Bertrand au moment de la fusion sont de 600 000 + 200 000 + 40 000 + 60 000 + 120 000 = 1 020 000 €, ce qui correspond à une valeur comptable de titre de 1 020 000 / 40 000 = 25,50 €.

La valeur correspondante de l'action Achille est de 25,50 × 5 = 127,50 €.

La prime de fusion par action Achille est donc de 127,50 – 100 = 27,50 €, soit au total 27,50 € × 8 000 = 220 000 €.

Sur cette prime de fusion, il faudra imputer la provision pour hausse de prix soit 60 000 €. On pourra aussi imputer (ce n'est pas une obligation) les amortissements dérogatoires.

2. Écritures comptables dans la société Achille

	1.01.N		
456	Société Bertrand, compte d'apport	1 020 000	
101	Capital social		800 000
1042	Prime de fusion		220 000
	Absorption société Bertrand		
201	Frais d'établissement	50 000	
211	Terrains	200 000	
213	Constructions	500 000	
215	Autres immobilisations corporelles	800 000	
3.	Stocks	150 000	
41.	Clients	180 000	
4.	Autres créances	80 000	
5.	Liquidités	50 000	
476	Ecart de conversion actif	20 000	
15	Provisions		40 000
16	Emprunts		200 000
2801	Amortissements des frais d'établissement		30 000
2813	Amortissements des constructions		200 000
2815	Amortissements des autres immobilisations corporelles		300 000
39	Dépréciation des stocks		10 000
49	Dépréciations des clients		20 000
4.	Autres dettes		180 000
477	Ecart de conversion passif		30 000
456	Société Bertrand compte d'apport		1 020 000
	Absorption société Bertrand		
1042	Prime de fusion	60 000	
1431	Provisions pour hausse de prix		60 000
	Reprise provisions dont l'imposition est différée		

Remarque : Nous avons choisi de ne pas reprendre les amortissements dérogatoires. Dans le cas contraire, on aurait passé l'écriture supplémentaire suivante :

1042	Prime de fusion	120 000	
145	Amortissements dérogatoires		120 000
	Reprise amortissements dérogatoires		

9 Participations de l'absorbante dans l'absorbée ou de l'absorbée dans l'absorbante

1 La société absorbante possède une participation dans la société absorbée
2 La société absorbée possède une participation dans la société absorbante

PRINCIPES CLÉS

Selon l'article L. 236-3 II du Code de commerce, « il n'est pas procédé à l'échange de parts ou d'actions de la société bénéficiaire contre des parts ou actions des sociétés qui disparaissent lorsque ces parts ou actions sont détenues :

1° soit par la société bénéficiaire ou par une personne agissant en son propre nom mais pour le compte de cette société ;

2° soit par la société qui disparaît ou par une personne agissant en son propre nom mais pour le compte de cette société ».

Il y a lieu de distinguer les deux cas suivants :

– la société absorbante possède une participation dans la société absorbée ;
– la société absorbée possède une participation dans la société absorbante.

1 La société absorbante possède une participation dans la société absorbée

Dans ce cas, les titres ne sont attribués qu'aux autres actionnaires de la société absorbée.

Exemple

La société Alpha, société anonyme au capital de 2 000 000 € (actions de 100 €), est amenée à absorber la société Bêta, société anonyme au capital de 1 000 000 € (actions de 100 €). Au moment de la fusion, la société Alpha détient 40 % du capital de la société Bêta. Le rapport d'échange est de 3 actions Alpha pour 4 actions Bêta.

Ne recevront des actions nouvelles d'Alpha que les autres actionnaires de la société Bêta, lesquels représentent 60 % du capital. Le nombre de titres émis sera de :

10 000 × 60 % × 3/4 = 4 500 actions Alpha.

Remarque

Les auteurs distinguent, lorsque la société absorbante possède une partie du capital de la société absorbée, la fusion renonciation et la fusion allotissement.

- Dans la fusion renonciation, la société absorbante ne renonce à ses droits d'associés dans la société absorbée que dans la mesure nécessaire à la rémunération des associés de la société absorbée autre que la société absorbante.
- Dans la fusion allotissement, la société absorbante reçoit sous forme d'allotissement une fraction de la société absorbée qui correspond à l'importance de sa participation. Le surplus de l'apport constitue seul l'apport-fusion rémunéré en actions.
- Dans les deux cas, les calculs restent les mêmes, quoique les conditions juridiques de l'apport soient différentes. Seule la première solution bénéficie du régime fiscal de faveur institué pour faciliter les fusions d'entreprises. Elle est donc seule employée en pratique.

2 La société absorbée possède une participation dans la société absorbante

Dans ce cas, deux solutions sont possibles :

- la société absorbante émet les titres nécessaires pour rémunérer les actionnaires de la société absorbée puis elle procède à une diminution de capital correspondant à la part de la société absorbée dans la société absorbante ;
- la société absorbante émet le nombre de titres correspondant à la différence entre les titres nécessaires pour rémunérer les actionnaires de la société absorbée et les titres correspondant à la part de la société absorbée dans la société absorbante.

Exemple

La société Alpha, société anonyme au capital de 2 000 000 € (actions de 100 €), est aussi amenée à absorber la société Gamma, société anonyme au capital de 500 000 € (actions de 100 €).

Au moment de la fusion, la société Gamma détient 10 % du capital de la société Alpha.

Le rapport d'échange est de 3 actions Alpha pour 5 actions Gamma.

La société Alpha devra donc émettre 5 000 × 3/5 = 3 000 actions pour rémunérer les actionnaires de Gamma.

Comme la société Gamma est propriétaire de 20 000 × 10 % = 2 000 actions Alpha, la société Alpha pourra :

- émettre 3 000 actions puis faire une annulation des 2 000 titres remis par Gamma ;
- émettre simplement 1 000 actions.

Application

La société Fernande, société anonyme au capital de 2 000 000 € (actions de 100 €) vient de décider d'absorber, avec effet au 1er juillet N, la société Florent, société anonyme au capital de 1 000 000 € (actions de 100 €) qu'elle contrôlait précédemment et dont elle possédait 55 % du capital, ainsi que la société Frédéric, société anonyme au capital de 3 000 000 € (actions de 100 €), laquelle avait une participation de 20 % dans le capital de la société Fernande.

Les titres seront échangés sur la base de 3 actions Fernande pour 4 actions Florent et 5 actions Frédéric.

Les bilans (simplifiés) des sociétés Fernande, Florent et Frédéric préalablement à la fusion vous sont fournis en annexe.

1. Déterminer l'augmentation de capital que devra réaliser la société Fernande pour effectuer cette double absorption.

2. Présenter les écritures dans la société Fernande.

Annexe 1 : Bilan de la société Fernande au 30 juin N (en k€)

Actif	Brut	Amort. et dep.	Net	Passif	Net
Frais d'établiss.	50	30	20	Capital	2 000
Terrains	500		500	Réserves	2 500
Constructions	4 000	1 400	2 600	Résultat	300
Aut. immo. corp.	4 300	2 000	2 300	Provisions HP	50
Titres de particip.	550		550	Am. dérogatoires	450
Stocks	1 750	20	1 730	Provisions	400
Clients	1 700		1 700	Emprunts	1 000
Autres créances	200		200	Autres dettes	3 000
Liquidités	100		100		
Total			9 700	Total	9 700

Annexe 2 : Bilan de la société Florent au 30 juin N (en k€)

Actif	Brut	Amort. et dep.	Net	Passif	Net
Frais d'établiss.	100	50	50	Capital	1 000
Terrains	300		300	Réserves	620
Constructions	3 500	2 200	1 300	Résultat	100
Aut. immo. corp.	2 800	1 300	1 500	Provisions HP	60
Stocks	1 400		1 400	Am. dérogatoires	120
Clients	1 000	50	950	Provisions	200
Autres créances	350		350	Emprunts	2 000
Liquidités	50		50	Autres dettes	1 800
Total			5 900	Total	5 900

Annexe 3 : Bilan de la société Frédéric au 30 juin N (en k€)

Actif	Brut	Amort. et dep.	Net	Passif	Net
Concessions, br.	500	300	200	Capital	3 000
Terrains	800		800	Réserves	1 200
Constructions	2 800	800	2 000	Résultat	400
Aut. immo. corp.	3 700	1 000	2 700	Am. dérogatoires	600
Titres de particip.*	1 000		1 000	Provisions	300
Stocks	2 000	100	1 900	Emprunts	2 500
Clients	1 800		1 800	Autres dettes	2 780
Autres créances	200		200	Ecart conv. pass.	20
Liquidités	170		170		
Ecart conv. actif	30		30		
Total			10 800	Total	10 800

*Titres Fernande.

Corrigé

1. Augmentation de capital de Fernande

Le capital de la société Fernande est composé de 2 000 000 / 100 = 20 000 actions, celui de la société Florent de 1 000 000 / 100 = 10 000 actions et celui de la société Frédéric de 3 000 000 / 100 = 30 000 actions.

55 % du capital de la société Florent, soit 5 500 actions, sont la propriété de la société Fernande et 20 % du capital de la société Fernande, soit 4 000 actions, sont la propriété de la société Frédéric.

Pour rémunérer les apports de la société Florent, la société Fernande devra émettre (10 000 – 5 500) × 3/4 = 3 375 actions.

Pour rémunérer les apports de la société Frédéric, la société Fernande devra émettre 30 000 × 3/5 = 18 000 actions. Mais comme elle récupèrera 4 000 actions que possédait la société Frédéric, l'augmentation nette de capital pour rémunérer les apports de Frédéric sera de 18 000 – 4 000 = 14 000 actions Fernande.

Au total, l'augmentation de capital de la société Fernande sera de 3 375 + 14 000 = 17 375 actions de 100 €, soit 1 737 500 €.

Il est à noter que, pour les deux sociétés, les apports seront comptabilisés à la valeur comptable. En effet :

– la fusion société Fernande / société Florent est une fusion à l'endroit (l'initiatrice est la société Fernande et la cible la société Florent) et les deux sociétés sont sous contrôle commun (la société Fernande est majoritaire en capital de la société Florent) ;

– la fusion société Fernande / société Frédéric peut être considérée comme une fusion à l'envers. En effet, d'une part, la société Frédéric, est plus importante que la société Fernande et elle possède déjà 20 % du capital, d'autre part, après la fusion, les actionnaires de Frédéric qui vont recevoir au total 18 000 actions seront majoritaires dans la société Fernande (si l'on excepte les actions émises pour l'absorption de Florent), le capital de Fernande étant alors de 20 000 + 14 000 = 34 000 actions.

2. Écritures comptables

	1.7.N		
456	Société Florent, compte d'apport	1 900 000	
	1 000 000 + 620 000 + 100 000 + 60 000 + 120 000		
101	Capital social *3 375 × 100*		337 500
1042	Prime de fusion		1 012 500
261	Titres de participation		550 000
	Absorption société Florent		
201	Frais d'établissement	100 000	
211	Terrains	300 000	
213	Constructions	3 500 000	
215	Autres immobilisations corporelles	2 800 000	
3.	Stocks	1 400 000	
41.	Clients	1 000 000	
4.	Autres créances	350 000	
5.	Liquidités	50 000	
15	Provisions		200 000
16	Emprunts		2 000 000
2801	Amortissements des frais d'établissement		50 000
2813	Amortissements des constructions		2 200 000
2815	Amortissements des autres immobilisations corporelles		1 300 000
49	Dépréciations des clients		50 000
4.	Autres dettes		1 800 000
456	Société Florent compte d'apport		1 900 000
	Absorption société Florent		
1042	Prime de fusion	60 000	
1431	Provisions pour hausse de prix		60 000
	Reprise provisions dont l'imposition est différée		
456	Société Frédéric, compte d'apport	4 200 000	
	3 000 000 + 1 200 000 + 400 000 + 600 000 --1 000 000		
	(valeur comptable des titres Fernande possédés)		
101	Capital social *14 000 × 100*		1 400 000
1042	Prime de fusion		2 800 000
	Absorption société Frédéric		

205	Concessions, brevets, licences, etc	500 000	
211	Terrains	800 000	
213	Constructions	2 800 000	
215	Autres immobilisations corporelles	3 700 000	
3.	Stocks	2 000 000	
41.	Clients	1 800 000	
4.	Autres créances	200 000	
5.	Liquidités	170 000	
476	Écart de conversion actif	30 000	
15	Provisions		300 000
16	Emprunts		2 500 000
2805	Amortissements des concessions, brevets, licences, etc.		300 000
2813	Amortissements des constructions		800 000
2815	Amortissements des autres immobilisations corporelles		1 000 000
39	Dépréciation des stocks		100 000
4.	Autres dettes		2 780 000
477	Écart de conversion passif		20 000
456	Société Frédéric compte d'apport		4 200 000
	Absorption société Frédéric		

10 Participations circulaires

1 Évaluation des titres
2 Non-exercice du droit de vote

PRINCIPES CLÉS

Au delà d'un certain niveau, les participations réciproques entre deux sociétés sont interdites.
En effet, l'article L. 233-29 du Code de commerce précise que « une société par actions ne peut posséder d'actions d'une autre société, si celle-ci détient une fraction de son capital supérieure à 10 %. À défaut d'accord entre les sociétés intéressées pour régulariser la situation, celle qui détient la fraction la plus faible du capital de l'autre doit aliéner son investissement ».
Un des moyens utilisés pour ne pas avoir à appliquer ce texte de loi est de mettre en place une participation circulaire, la société Alpha, par exemple, possédant une partie du capital de Bêta, la société Bêta une partie du capital de Gamma, et la société Gamma une partie du capital de Alpha.
L'évaluation de titres de chacune des sociétés implique généralement la résolution d'un système algébrique dont il y a autant d'inconnues que de sociétés.

1 Évaluation des titres

Exemple

Prenons l'exemple de quatre sociétés ayant mis en place une participation circulaire.
Le capital de la société Alpha est de 100 000 actions, celui de la société Bêta de 60 000 actions, celui de la société Gamma de 80 000 actions et celui de la société Delta de 50 000 actions.
La société Alpha possède une participation de 30 000 actions Bêta, la société Bêta 40 000 actions Gamma, la société Gamma 20 000 actions Delta et la société Delta 10 000 actions Alpha.
Vous avez déterminé les actifs réels et passifs exigibles des quatre sociétés (à l'exception des participations présentées ci-dessus).

Ces valeurs vous sont données dans le tableau ci-après :

Sociétés	Actif réel total	Passif exigible total
Alpha	6 000 000	2 400 000
Bêta	1 800 000	1 000 000
Gamma	8 400 000	2 800 000
Delta	8 000 000	2 600 000

Si a, b, c, d sont les valeurs des actions Alpha, Bêta, Gamma, Delta, on peut poser le système d'équations suivant :

- Pour Alpha : $6\,000\,000 + 30\,000\,b = 100\,000\,a + 2\,400\,000$
- Pour Bêta : $1\,800\,000 + 40\,000\,c = 60\,000\,b + 1\,000\,000$
- Pour Gamma : $8\,400\,000 + 20\,000\,d = 80\,000\,c + 2\,800\,000$
- Pour Delta : $8\,000\,000 + 10\,000\,a = 50\,000\,d + 2\,600\,000$

La résolution de ce système donnera :
$a = 60$; $b = 80$; $c = 100$ et $d = 120$.

2 Non-exercice du droit de vote

Selon l'article L. 233-31 du Code de commerce, « lorsque des actions ou des droits de vote d'une société sont possédés par une ou plusieurs sociétés dont elle détient directement ou indirectement le contrôle, les droits de vote attachés à ces actions ou ces droits de vote ne peuvent être exercés à l'assemblée générale de la société. Il n'en est pas tenu compte pour le calcul du quorum. »

Application

Vous êtes appelé à préparer la fusion au 1er janvier N de trois sociétés, les sociétés Augustin, Basile et Clotilde. La société Augustin a pris une participation de 60 % dans la société Basile, laquelle a pris une participation de 10 % dans la société Clotilde, laquelle a pris une participation de 5 % dans la société Augustin.

Les actions de chacune des sociétés ont une valeur nominale de 100 €.

L'évaluation de ces sociétés sera réalisée à partir la moyenne entre la valeur intrinsèque (hors goodwill) de chacune de ces sociétés et leur valeur financière. Cette valeur financière est déterminée par capitalisation du dividende au taux de 5 %.

Vous trouverez en annexe les bilans (simplifiés) des trois sociétés, les valeurs réelles des éléments d'actif, les créances, liquidités et passifs exigibles étant repris à leur valeur comptable, ainsi que les dividendes moyens (par action) versés au cours des trois dernières années (pour le calcul de la valeur financière).

Il sera tenu compte d'un impôt latent (ou différé) de 33 1/3 % sur la totalité des actifs réévalués (à l'exception du fonds commercial).

1. Déterminer la valeur financière, la valeur intrinsèque (hors goodwill) et la valeur retenue de chacune des trois sociétés.

2. La société Augustin, absorbant les sociétés Basile et Clotilde, déterminer les parités d'échange, le nombre de titres et indiquer à quelles valeurs doivent être comptabilisés les apports.

Annexe 1 : Bilan simplifiés au 31 décembre N–1

Éléments	Augustin	Basile	Clotilde
Frais d'établissement	60 000		30 000
Fonds commercial		80 000	
Titres de participation	300 000	160 000	150 000
Autres actifs	4 110 000	2 240 000	3 100 000
Capital	1 000 000	500 000	800 000
Réserves et résultat	840 000	640 000	590 000
Amortissements dérogatoires	360 000	240 000	300 000
Provisions et dettes	2 270 000	1 100 000	1 590 000

Annexe 2 : Valeurs réelles de reprise des autres éléments d'actif

Sociétés	Augustin	Basile	Clotilde
Total	4 650 000	2 450 000	3 610 000

Annexe 3 : Dividendes moyens par action

Sociétés	Augustin	Basile	Clotilde
Dividendes	17 €	16 €	13 €

Corrigé

1. Détermination des valeurs

a) Valeurs financières des actions

Les valeurs financières sont le rapport entre les dividendes et le taux d'intérêt de base, soit 5 %.

- Valeur financière action société Augustin : 17 / 0,05 = 340 €.
- Valeur financière action société Basile : 16 / 0,05 = 320 €.
- Valeur financière action société Clotilde : 13 / 0,05 = 260 €.

b) Valeurs des actions intrinsèques de chacune des trois sociétés

Le capital de chacune des trois sociétés est composé du nombre d'actions suivant :

- Société Augustin : 1 000 000 / 100 = 10 000
- Société Basile : 500 000 / 100 = 5 000
- Société Clotilde : 800 000 / 100 = 8 000

Plus-values de cession et impôts latents

Il y a lieu d'abord de déterminer les plus-values de cession et les impôts latents sur ces plus-values.

• Société Augustin :

Plus-values de cession des éléments d'actif :
4 650 000 – 4 110 000 = 540 000

Impôts latents ou différés :

– sur plus-values : 540 000 × 33 1/3 % =	180 000
– sur amortissements dérogatoires : 360 000 × 33 1/3 % =	120 000
– sur frais d'établissement (à déduire) : 60 000 × 33 1/3 % =	– 20 000
	280 000

• Société Basile :

Plus-values de cession des éléments d'actif :
2 450 000 – 2 240 000 = 210 000

Impôts latents ou différés :

– sur plus-values : 210 000 × 33 1/3 % =	70 000
– sur amortissements dérogatoires : 240 000 × 33 1/3 % =	80 000
	150 000

• Société Clotilde :

Plus-values de cession des éléments d'actif :
3 610 000 – 3 100 000 = 510 000

Impôts latents ou différés :

– sur plus-values : 510 000 × 33 1/3 % =	170 000
– sur amortissements dérogatoires : 300 000 × 33 1/3 % =	100 000
– sur frais d'établissement (à déduire) : 30 000 × 33 1/3 % =	– 10 000
	260 000

Actifs réels et passifs exigibles

On pourra ensuite déterminer les actifs réels (hors goodwill et participations) et les passifs exigibles.

Éléments	Augustin	Basile	Clotilde
Actifs réels	4 650 000	2 450 000	3 610 000
Impôts latents ou différés	280 000	150 000	260 000
Provisions et autres dettes	2 270 000	1 100 000	1 590 000
Passif exigible	2 550 000	1 250 000	1 850 000

Soit *a*, *b*, *c* les valeurs intrinsèques des sociétés Augustin, Basile et Clotilde.
On peut écrire :

• Société Augustin : $4\,650\,000 + 5\,000 \times 60\,\% \times \frac{b + 320}{2} = 10\,000\, a + 2\,550\,000$

• Société Basile : $2\,450\,000 + 8\,000 \times 10\,\% \times \frac{c + 260}{2} = 5\,000\, b + 1\,250\,000$

• Société Clotilde : $3\,610\,000 + 10\,000 \times 5\,\% \times \frac{a + 340}{2} = 8\,000\, c + 1\,850\,000$

En résolvant ce système d'équation, on trouvera les valeurs intrinsèques suivantes :

• Société Augustin : $a = 300$ €
• Société Basile : $b = 280$ €
• Société Clotilde : $c = 240$ €

c) Calcul des valeurs retenues des titres des trois sociétés

- Société Augustin : (300 + 340) / 2 = 320 €
- Société Basile : (280 + 320) / 2 = 300 €
- Société Clotilde : (240 – 260) / 2 = 250 €

d) Détermination des goodwills

Les goodwills peuvent être déterminés à partir des formules suivantes :
Goodwill = (Valeur financière – Valeur intrinsèque) / 2 × Nombre d'actions

- Société Augustin : (340 – 300) / 2 × 10 000 = 200 000 €
- Société Basile : (320 – 280) / 2 × 5 000 = 100 000 €
- Société Clotilde : (260 – 240) / 2 × 8 000 = 80 000 €

2. Parité d'échange, nombre de titres émis et valeurs utilisées

Parités d'échange

- Actions Augustin contre actions Basile : 300 / 320 = 15/16
- Actions Augustin contre actions Clotilde : 250 / 320 = 25/32

Titres émis

• Apports de Basile : 5 000 × 40 % × 15 / 16 =	1 875
• Apports de Clotilde : 8 000 × 90 % × 25/ 32 – 10 000 × 5 % =	5 125
	7 000

Valorisations comptabilisées

L'apport de la société Basile sera effectué à la valeur comptable (les sociétés Augustin et Basile sont sous contrôle commun, puisque la société Augustin détient 60 % du capital de Basile).
L'apport de la société Clotilde sera effectué à la valeur réelle puisque la société Augustin et la société Clotilde sont sous contrôle distinct (sauf si elles ont toutes deux un actionnaire majoritaire commun, ce qui n'est pas précisé dans l'énoncé) et que la fusion est considérée comme effectuée à l'endroit (la société initiatrice est la société Augustin et la société cible la société Clotilde).

Le mali de fusion 11

1. Analyse et comptabilisation du boni de fusion
2. Analyse et comptabilisation du mali de fusion
3. Analyse comptable et fiscale de la dépréciation du mali technique

PRINCIPES CLÉS

- Lorsque la société absorbante a acquis des titres de la société absorbée antérieurement à la date de l'opération de fusion, un boni/mali de fusion peut apparaître lors de l'annulation de ces titres auxquels se substituent les actifs et passifs de la société absorbée.
- Le boni de fusion représente l'écart positif entre l'actif net reçu par l'entité absorbante à hauteur de sa participation détenue dans l'entité absorbée, et la valeur comptable de cette participation.
- Le mali de fusion représente l'écart négatif entre l'actif net reçu par l'entité absorbante à hauteur de sa participation détenue dans l'entité absorbée, et la valeur comptable de cette participation.

1 Analyse et comptabilisation du boni de fusion

Le boni de fusion est comptabilisé dans le résultat financier à hauteur de la quote-part des résultats accumulés par la société absorbée depuis l'acquisition et non distribués et en capitaux propres pour le montant résiduel ou si les résultats accumulés ne peuvent être déterminés de manière fiable.

Exemple

La société Alpha avait, le 1er janvier N–5, pris une participation de 60 % du capital dans la société Bêta. Pour cela, elle avait fait l'acquisition de 60 000 actions Bêta pour une valeur de 12 000 000 €. Au moment de la fusion, le 1er janvier N, la situation nette comptable de la société Bêta est de 25 000 000 €, dont 4 000 000 € correspondant à des bénéfices réalisés depuis le 1er janvier N–5 et non distribués. Il sera remis aux actionnaires représentant 40 % du capital de Bêta (actionnaires autres que la société Alpha) 80 000 actions Alpha à la valeur nominale de 50 €.

- La valorisation des apports devant être faite à la valeur comptable (les sociétés Alpha et Bêta étant sous contrôle commun), le prix d'émission des nouvelles actions Alpha est de 25 000 000 × 40 % / 80 000 = 125 €. La prime d'émission sur les nouveaux titres émis est de 125 – 50 = 75 €.

- L'actif net de la société absorbée reçu par la société absorbante à hauteur de sa participation est de 25 000 000 × 60 % = 15 000 000 €.
- Le boni de fusion est de 15 000 000 – 12 000 000 = 3 000 000 €.
- Si les résultats accumulés par la société absorbée et non distribués depuis l'acquisition ne peuvent être déterminés de manière fiable (ce qui n'est pas le cas dans cet exemple) la totalité du boni de fusion serait comptabilisé en capitaux propres (dans la prime de fusion).
- La quote-part des résultats accumulés et non distribués par la société absorbée et revenant à la société absorbante est de 4 000 000 × 60 % = 2 400 000 €.
- Le boni de fusion sera comptabilisé en produits financiers pour 2 400 000 € et en capitaux propres pour le solde, soit 600 000 €.
- La prime de fusion se composera :
  - de la prime d'émission sur les titres émis : 80 000 × 75 = 6 000 000
  - du boni de fusion comptabilisé en capitaux propres : 600 000

  Total : 6 600 000

On passera l'écriture suivante :

	1.01.N		
456	Société Bêta, compte d'apport	25 000 000	
101	Capital social *80 000 x 50*		4 000 000
1042	Prime de fusion		6 600 000
261	Titres de participation Bêta		12 000 000
768	Autres produits financiers		2 400 000
	Absorption de la société Bêta		

2 Analyse et comptabilisation du mali de fusion

- Le mali de fusion peut être décomposé en deux éléments :
  - le mali technique proprement dit, qui correspond, à hauteur de la participation antérieurement détenue, aux plus-values latentes sur éléments d'actif comptabilisés ou non dans les comptes de l'absorbée (éléments d'actifs identifiés hors fonds commercial, fonds commercial), déduction faite des passifs non comptabilisés dans les comptes de l'entité absorbée en l'absence d'obligation comptable (par exemple provisions pour retraites, impôts différés passifs). Les plus-values latentes sur éléments d'actif destinés à être revendus à brève échéance ainsi que les passifs reversés à court terme sont évaluées net d'impôts ;
  - au-delà du mali technique, l'éventuelle dépréciation ou l'éventuel complément de dépréciation de la participation détenue dans l'entité absorbée, nécessaire au moment de la fusion. Cette dépréciation ou ce complément doivent être comptabilisés dans le résultat financier de l'entité absorbante de l'exercice au cours duquel l'opération est réalisée.
- On a donc :

Mali de fusion = Valeur comptable de la participation – Actif net reçu par la société absorbante à hauteur de sa participation

Mali technique = (Plus-values latentes sur éléments d'actif – Passifs non comptabilisés) × Pourcentage de participation

Résultat financier (complément de dépréciation) = Mali de fusion – Mali technique

- La société absorbante procède à l'affectation du mali technique aux différents actifs apportés concernés et inscrits dans les comptes de l'absorbée, comme suit :
  - si le mali technique est supérieur à la somme des plus-values latentes, estimées de manière fiable, sur les éléments d'actifs identifiés hors fonds commercial, il est affecté aux actifs apportés (dans des comptes spécifiques) et le montant résiduel au fonds commercial ;
  - si le mali technique est inférieur à la somme des plus-values latentes, estimées de manière fiable, sur les éléments d'actifs identifiés hors fonds commercial, il est affecté aux actifs apportés au prorata des plus-values latentes.

Exemple

Reprenons l'exemple présenté dans le § 1 ci-dessus. Au moment de la fusion, l'actif net comptable de la société Bêta n'est plus que de 16 000 000 € (au lieu de 25 000 000 €).
Toutefois, lors de l'évaluation des actifs et des passifs de la société Bêta (pour la détermination de la parité entre titres Alpha et titres Bêta), la valeur réelle de la société Bêta a été estimée à 19 000 000 €.

L'écart entre valeur comptable et valeur réelle (soit 3 000 000 €) s'explique notamment par les éléments suivants (en dehors d'une plus-value sur éléments non identifiés, fonds commercial créé par exemple) :

• plus-values sur brevets	400 000 €
• plus-values sur constructions	2 000 000 €
• provisions pour retraites non comptabilisées	– 800 000 €

- Le prix d'émission des nouvelles actions est de 16 000 000 × 40 % / 80 000 = 80 € et la prime d'émission par action de 80 – 50 = 30 €.
- Le mali de fusion sera de 12 000 000 – 16 000 000 × 60 % = 2 400 000 €
- Le mali technique est égal à 3 000 000 × 60 % = 1 800 000 €. Il s'imputera sur les brevets pour 400 000 × 60 % = 240 000 €, sur les constructions pour 2 000 000 × 60 % = 1 200 000 € et sur le fonds commercial pour le solde, soit : 1 800 000 – 240 000 – 1 200 000 = 360 000 €. Il est à noter que le mali technique ne peut s'imputer que sur les éléments d'actifs identifiés hors fonds commercial (et non sur des passifs), le montant résiduel étant affecté au fonds commercial.
- Le complément de dépréciation de la participation dans la société absorbante peut être estimé à 2 400 000 – 1 800 000 = 600 000 €

On passera alors l'écriture suivante :

	1.01.N		
456	Société Bêta, compte d'apport	16 000 000	
207	Fonds commercial – Mali technique	360 000	
2087	Mali de fusion sur immobilisations incorporelles	240 000	
2187	Mali de fusion sur immobilisations corporelles	1 200 000	
668	Autres charges financières	600 000	
101	Capital social *80 000 x 50*		4 000 000
1042	Prime de fusion *80 000 x 30*		2 400 000
261	Titres de participation Bêta		12 000 000
	Absorption de la société Bêta		

3 Analyse comptable et fiscale de la dépréciation du mali technique

- Le mali technique doit être amorti ou rapporté au résultat selon les mêmes règles et dans les mêmes conditions que les actifs sous-jacents auquel il est affecté.
- La quote-part de mali affectée à des actifs amortissables est amortissable sur la durée d'utilisation résiduelle des actifs.
- Chaque quote-part du mali affecté à un actif sous-jacent subit une dépréciation lorsque la valeur actuelle de l'actif sous-jacent devient inférieure à sa valeur nette comptable, majorée de la quote-part de mali affectée. La dépréciation est imputée en priorité sur la quote-part du mali technique.
- Le mali technique affecté au fonds commercial suit les règles de dépréciation applicables aux fonds commerciaux. Aucune reprise de dépréciation n'est possible.
- Pour l'article 210 A du CGI, l'inscription à l'actif de la société absorbante du mali technique de fusion consécutif à l'annulation des titres de la société absorbée ne peut donner lieu à aucune déduction ultérieure.
- L'amortissement et la dépréciation du mali technique ne sont pas déductibles fiscalement.

Application

Vous êtes appelé(e) à traiter les opérations de fusion des sociétés Barnabé, Casimir et Donald que la société Aristide a effectué en janvier N.
La société Aristide avait acquis au cours des années N–4 à N–1 les participations suivantes :
– participation de 80 % du capital de la société Barnabé pour 200 000 k€ ;
– participation de 70 % du capital de la société Casimir pour 203 000 k€ ;
– participation de 60 % du capital de la société Donald pour 102 000 k€.
Les absorptions ont été réalisées aux conditions suivantes :

• Valeur du titre Aristide : 240 € (valeur nominale 100 €).

• Société Barnabé :
– valeur réelle au 1er janvier N : 300 000 k€ ;
– valeur comptable au 1er janvier N : 280 000 k€ ;
– bénéfices mis en réserves depuis la prise de contrôle : 25 000 k€.

• Société Casimir :
– valeur réelle au 1er janvier N : 280 000 k€ ;
– valeur comptable au 1er janvier N : 210 000 k€ ;
– valeur des éléments dont la valeur est différente de la valeur réelle au 1er janvier N (en k€) :

Éléments	Valeur comptable	Valeur réelle
Terrains	90 000	110 000
Constructions	300 000	340 000
Fonds commercial	0	60 000
Provisions pour retraite	120 000	150 000

Les constructions prises en compte ont une durée de vie résiduelle de 20 ans.
Au 31 décembre N, ces valeurs sont devenues les suivantes (en k€) :

Éléments	Valeur comptable	Valeur réelle
Terrains	90 000	110 000
Constructions	294 000	312 000
Fonds commercial	0	5 000
Provisions pour retraite	140 000	175 000

La valeur réelle ou actuelle correspond à la valeur la plus élevée de la valeur vénale ou de la valeur d'usage (art. 214-6 al. 3 du PCG).

• Société Donald :
– valeur réelle au 1er janvier N : 180 000 k€ ;
– valeur comptable au 1er janvier N : 150 000 k€ ;
– valeur des éléments dont la valeur est différente de la valeur réelle au 1er janvier N (en k€) :

Éléments	Valeur comptable	Valeur réelle
Terrains	50 000	55 000
Constructions	90 000	110 000
Fonds commercial	0	20 000

Les constructions prises en compte ont une durée de vie résiduelle de 20 ans.

Au 31 décembre N, ces valeurs sont devenues les suivantes (en k€) :

Éléments	Valeur comptable	Valeur réelle
Terrains	50 000	54 000
Constructions	85 000	82 000
Fonds commercial	0	1 000

La valeur réelle ou actuelle correspond à la valeur la plus élevée de la valeur vénale ou de la valeur d'usage (art. 214-6 al. 3 du PCG).

1. **Présenter les écritures d'absorption des différentes sociétés dans les livres de la société Aristide.**
2. **Présenter une analyse du mali technique constaté sur les sociétés Casimir et Donald.**
3. **Présenter l'écriture de dépréciation du mali technique au 31 décembre N.**

Corrigé

1. Écritures d'absorption des sociétés

Les sociétés Barnabé, Casimir et Donald étant sous contrôle commun de la société Aristide, les apports seront comptabilisés à la valeur comptable.

Société Barnabé

Il sera émis 300 000 000 × 20 % / 240 = 250 000 actions.

Les actions seront émises à 280 000 000 × 20 % / 250 000 = 224 €.

On distingue un boni de fusion (écart positif entre l'actif net reçu par la société absorbante à hauteur de sa participation détenue dans la société absorbée et la valeur comptable de la participation) de 280 000 × 80 % – 200 000 = 24 000 k€.

Ce boni est comptabilisé dans le résultat financier à hauteur de la quote-part des résultats accumulés par la société absorbée depuis l'acquisition et non distribués, soit 25 000 × 80 % = 20 000 k€, et dans les capitaux propres pour le montant résiduel, soit 24 000 – 20 000 = 4 000 k€.

On passera l'écriture suivante (en k€) :

	1.01.N	Débit	Crédit
456	Société Barnabé, compte d'apport	280 000	
101	Capital social *250 000 x 0,1*		25 000
1042	Prime de fusion *250 000 x (0,224 – 0,1) + 4 000*		35 000
261	Titres de participation		200 000
768	Autres produits financiers		20 000
	Absorption société Barnabé		

Société Casimir

Il sera émis 280 000 000 × 30 % / 240 = 350 000 actions.

Les actions seront émises à 210 000 000 × 30 % / 350 000 = 180 €

On distingue un mali de fusion qui représente l'écart négatif entre l'actif net reçu par la société absorbante à hauteur de sa participation détenue dans la société absorbée, et la valeur comptable de cette participation, soit :

210 000 × 70 % – 203 000 = 56 000 k€.

Ce mali de fusion peut être décomposé en deux éléments :

a) un mali technique correspondant, à hauteur de la participation antérieurement détenue aux plus-values latentes sur éléments d'actif comptabilisés ou non dans les comptes de l'absorbée, déduction faite des passifs non comptabilisés en l'absence d'obligation comptable dans les comptes de la société absorbée.

Ce mali sera égal à (280 000 – 210 000) × 70 % = 49 000 k€.

Il pourra être analysé comme suit :

• mali de fusion sur terrains : (110 000 – 90 000) × 70 % =	14 000
• mali de fusion sur constructions : (340 000 – 300 000) × 70 % =	28 000
• mali de fusion sur fonds commercial (pour solde) :	7 000
	49 000

b) au-delà du mali technique, un solde qui peut être représentatif d'un complément de dépréciation de la participation détenue dans la société absorbée et qui doit être comptabilisé dans le résultat financier de la société absorbante de l'exercice au cours duquel l'opération est réalisée soit 56 000 – 49 000 = 7 000 k€.

On passera l'écriture suivante (en k€) :

	1.01.N		
456	Société Casimir, compte d'apport	210 000	
207	Fonds commercial – Mali technique	7 000	
2187	Mali de fusion sur actifs corporels *14 000 + 28 000*	42 000	
668	Autres charges financières	7 000	
101	Capital social *350 000 x 0,1*		35 000
1042	Prime de fusion *350 000 x (0,18 – 0,1)*		28 000
261	Titres de participation		203 000
	Absorption société Barnabé		

Société Donald

Il sera émis 180 000 000 × 40 % / 240 = 300 000 actions.

Les actions seront émises à 150 000 000 × 40% / 300 000 = 200 €

On distingue également un mali de fusion qui représente l'écart négatif entre l'actif net reçu par la société absorbante à hauteur de sa participation détenue dans la société absorbée, et la valeur comptable de cette participation, soit 150 000 × 60 % – 102 000 = 12 000 k€. Ce mali de fusion pourrait être décomposé en deux éléments : un mali technique et un solde de mali (comme dans le cas de la société Casimir).

Le mali technique correspondrait, à hauteur de la participation antérieurement détenue aux plus-values latentes sur éléments d'actif comptabilisés ou non dans les comptes de l'absorbée déduction faite des passifs non comptabilisés en l'absence d'obligation comptable dans les comptes de la société absorbée, soit :

(180 000 – 150 000) × 60 % = 18 000 k€.

Le mali technique sera comptabilisé pour 12 000 k€ et il n'y a aura pas de solde de mali.

Ce mali technique pourra être d'abord réparti comme suit :

• mali de fusion sur terrain : (55 000 – 50 000) × 60 % =	3 000
• mali de fusion sur construction (110 000 – 90 000) × 60 % =	12 000
	15 000

Si le total trouvé était inférieur à 12 000 k€, le solde serait porté dans le poste « Fonds commercial », ce qui n'est pas le cas dans cette application.

Comme le total trouvé est supérieur à 12 000 k€, il y aura lieu de l'affecter au prorata des plus-values latentes.
On aura donc la répartition suivante :

- mali de fusion sur terrain : 3 000 × 12 000 / 15 000 = 2 400
- mali de fusion sur construction : 12 000 × 12 000 / 15 000 = 9 600

12 000

On passera l'écriture suivante (en k€) :

	1.01.N		
456	Société Donald, compte d'apport	150 000	
2187	Mali de fusion sur actifs corporels *2 400 + 9 600*	12 000	
101	Capital social *300 000 x 0,1*		30 000
1042	Prime de fusion *300 000 x (0,2 – 0,1)*		30 000
261	Titres de participation		102 000
	Absorption société Barnabé		

2. Analyse des malis techniques constaté sur les sociétés Casimir et Donald

On présentera les tableaux suivants :

Pour la société Casimir

Il est à noter que l'affectation du mali ne s'effectue qu'entre les actifs (les provisions pour retraite ne sont pas prises en compte).

- Au 1er janvier N :

Éléments	Valeurs comptables	Valeurs réelles	Plus-values	Affectation du mali
Terrains	90 000	110 000	20 000	14 000
Constructions	300 000	340 000	40 000	28 000
Fonds commercial				7 000
Total	390 000	450 000	60 000	49 000

L'affectation du mali s'effectue proportionnellement aux plus-values latentes, le solde étant affecté au fonds commercial.

- Au 31 décembre N :

Éléments	Valeurs comptables	Affectation du mali	Amortissement du mali	Total net	Valeurs réelles	Dépréciation du mali
Terrains	90 000	14 000		104 000	120 000	0
Constructions	294 000	28 000	1 400	320 600	312 000	8 600
Fonds commercial	0	7 000		7 000	5 000	2 000
Total	384 000	49 000	1 400	431 600	437 000	10 600

On constatera un amortissement du mali (sur la construction) de 28 000/20 = 1 400 k€, ainsi qu'une dépréciation du mali de 10 600 k€.

Pour la société Donald

• Au 1er janvier N :

Éléments	Valeurs comptables	Valeurs réelles	Plus-values	Affectation du mali
Terrains	50 000	55 000	5 000	2 400
Constructions	90 000	110 000	20 000	9 600
Fonds commercial				0
Total	140 000	165 000	25 000	12 000

• Au 31 décembre N :

Éléments	Valeurs comptables	Affectation du mali	Amortissement mali	Total	Valeurs réelles	Dépréciation élément	Dépréciation du mali
Terrains	50 000	2 400		52 400	54 000	0	0
Constructions	85 000	9 600	480	94 120	82 000	3 000	9 120
Fonds commercial	0	0		0	10 000		
Total	135 000	12 000	480	146 520	146 000	3 000	9 120

On constatera un amortissement du mali (sur la construction) de 9 600/20 = 480 k€.
On constatera également une dépréciation de 3 000 + 9 120 = 12 120 k€. Celle-ci s'imputera d'abord sur le mali de la construction (après amortissement), soit 9 600 – 480 = 9 120 k€, et sur la construction proprement dite, soit 85 000 – 82 000 = 3 000 k€.

3. Écriture de dépréciation du mali technique

Il y a lieu de constater la dépréciation des malis techniques comptabilisés mais aussi la dépréciation de la construction.
On passera les écritures suivantes (en k€) :

	31.12.N		
6811	Dotations aux amortissements des immobilisations incorporelles et corporelles	1 880	
28187	Amortissement du mali de fusion sur actifs corporels *1 400 + 480*		1 880
6816	Dotations aux dépréciations des immobilisations incorporelles et corporelles	3 000	
2913	Dépréciation des constructions *85 000 – 82 000*		3 000
6816	Dotations aux dépréciations des immobilisations corporelles et incorporelles	19 720	
2907	Dépréciation du fonds commercial – Mali de fusion		2 000
29187	Dépréciation du mali de fusion sur immobilisations corporelles *8 600 + 9 120* *10 600 + 9 120*		17 720

12 Apports partiels d'actif et scissions

1 Aspects juridiques
2 Aspects fiscaux
3 Aspects comptables

PRINCIPES CLÉS

- Un apport partiel d'actif est l'opération par laquelle une société fait apport à une autre société (nouvelle ou déjà créée) d'une partie de ses éléments d'actif et reçoit, en échange, des titres émis par la société bénéficiaire des apports.
- Une scission est une opération dans laquelle le patrimoine d'une société est transmis, soit à deux ou plusieurs sociétés existantes, soit à deux ou plusieurs sociétés nouvelles.
- Apports partiels d'actifs et scissions obéissent aux règles juridiques, fiscales et comptables des fusions (avec quelques particularités).

1 Aspects juridiques

- La scission est réglementée par les articles L 236-16 à L 236-21 du Code de commerce qui renvoient pour l'essentiel aux articles traitant de la fusion proprement dite. Elle est décidée par l'assemblée générale de chacune des sociétés qui participent à l'opération. La nomination d'un ou plusieurs commissaires à la fusion chargés d'établir, sous leur responsabilité un rapport sur les modalités de la scission sont obligatoires. Il doit être établi un projet de scission présenté conformément à l'article R. 231-6 du Code de commerce (*voir fiche 4*) qui doit faire notamment l'objet d'un dépôt au tribunal de commerce des sociétés participantes.
- L'apport partiel d'actif est un cas particulier de scission, dans laquelle la société apporteuse continue d'exister (alors que dans le cas d'une scission, il y a liquidation de la société scindée). L'article L. 236-22 du Code de commerce précise que « la société qui apporte une partie de son actif à une autre société et la société qui bénéficie de cet apport peuvent décider d'un commun accord de soumettre l'opération aux dispositions des articles L. 236-16 à L. 236-21 ».

2 Aspects fiscaux

- L'article 210 B du CGI précise que les dispositions de l'article 210 A (*voir fiche 5*) s'appliquent à l'apport partiel d'actif d'une branche complète d'activité ou d'éléments assimilés lorsque la société apporteuse prend l'engagement dans l'acte d'apport de conserver pendant trois ans les titres remis en contrepartie de l'apport et de calculer ultérieurement les plus-values de cession afférentes à ces mêmes titres par référence à la valeur que les biens apportés avaient, du point de vue fiscal, dans ses propres écritures.
- Il précise également que les dispositions de l'article 210 A s'appliquent à la scission de société comportant au moins deux branches complètes d'activités lorsque chacune des sociétés bénéficiaires des apports reçoit une ou plusieurs de ces branches et que les associés de la société scindée s'engagent, dans l'acte de scission, à conserver pendant trois ans les titres représentatifs de l'apport qui leur ont été répartis proportionnellement à leurs droits dans le capital.

3 Aspects comptables

Les apports sont évalués à la valeur comptable ou à la valeur réelle, selon la situation de contrôle au moment de l'opération et le sens de l'opération (entités sous contrôle commun ou sous contrôle distinct, opérations à l'endroit ou à l'envers – *voir fiche 3*).

Application

La société Brigitte est une filiale de la société Aline qui possède 60 % de son capital (soit 600 000 actions acquises pour 90 000 000 €).
Elle est organisée en trois branches d'activités autonomes « Électricité », « Électronique », « Automatismes ».
Il est envisagé une scission, avec effet au 1er janvier N, de la société Brigitte avec un apport de la branche « Électricité » à la société Aline, un apport de la branche « Électronique » à une société existante indépendante, la société Colette et un apport de la branche « Automatismes » à une société nouvelle à constituer, la société Denise.
Il vous est fourni en annexe le bilan résumé de la société Brigitte et la répartition de ses actifs et passifs entre les sociétés bénéficiaires des apports.
La valeur d'échange des actions Aline est fixée à 260 € (nominal 100 €), des actions Colette à 150 € (nominal 100 €) et Denise à la valeur nominale soit 100 €.

1. **Déterminer les conditions de la scission. On appliquera le régime de faveur des articles 210 A et 210 B du CGI. Le taux de l'impôt sera de 33 1/3 %.**
2. **Présenter les écritures correspondantes dans les sociétés Aline, Brigitte, Colette et Denise (promesses d'apport et dissolution).**

Annexe 1 : Bilan de la société Brigitte au 31 décembre N–1 (en k€)

Actif immobilisé	260 000	Capital	100 000
Actif circulant	140 000	Réserves et résultat	140 000
		Dettes	160 000
Total	400 000	Total	400 000

Annexe 2 : Analyse de l'apport de la branche « Électricité » (en k€)

Éléments	Valeurs comptables	Valeurs réelles
Terrains	26 000	40 000
Autres immobilisations corporelles	70 000	95 000
Actif circulant	40 000	45 000
Dettes	– 40 000	– 40 000
Total	96 000	140 000

Annexe 3 : Analyse de l'apport de la branche « Electronique» (en k€)

Éléments	Valeurs comptables	Valeurs réelles
Terrains	12 000	38 000
Autres immobilisations corporelles	50 000	62 000
Actif circulant	39 000	42 000
Dettes	– 47 000	– 47 000
Total	54 000	95 000

Annexe 4 : Analyse de l'apport de la branche « Automatismes » (en k€)

Éléments	Valeurs comptables	Valeurs réelles
Terrains	22 000	68 000
Autres immobilisations corporelles	80 000	100 000
Actif circulant	61 000	62 000
Dettes	– 73 000	– 73 000
Total	90 000	157 000

Corrigé

1. Conditions de la scission

Le régime de faveur des articles 210 A et 210 B du CGI étant applicables, il y a lieu de déterminer les impôts différés qui seraient dus dans le cadre d'une comptabilisation à la valeur réelle. Ces impôts porteront sur les plus-values dégagées sur les immobilisations corporelles amortissables (c'est-à-dire l'ensemble des immobilisations à l'exception des terrains) et sur l'actif circulant.

- Apports branche « Électricité » : [(95 000 – 70 000) + (45 000 – 40 000)] × 33 1/3 % = 10 000 k€.
- Apports branche « Électronique » : [(62 000 – 50 000) + (42 000 – 39 000)] × 33 1/3 % = 5 000 k€.
- Apports branche « Automatismes » : [(100 000 – 80 000) + (62 000 – 61 000)] × 33 1/3% = 7 000 k€.

Compte tenu de ces impôts différés, les montants nets des apports en valeur réelle seront de :

- Apports branche « Électricité » : 140 000 – 10 000 = 130 000 k€.
- Apports branche « Électronique » : 95 000 – 5 000 = 90 000 k€.
- Apports branche « Automatismes » : 157 000 – 7 000 = 150 000 k€.

On peut en déduire le nombre de titres émis :

- Apports branche « Électricité » : cet apport est effectué auprès de la société Aline qui possède déjà 60 % du capital de la société Brigitte. Il ne sera donc créé de titres Aline que pour rémunérer les autres 40 % des propriétaires du capital de Brigitte. On émettra donc 130 000 000 × 40 % / 260 = 200 000 actions Aline.
- Apports branche « Électronique » : on émettra 90 000 000 / 150 = 600 000 actions Colette.
- Apports branche « Automatismes » : on émettra 150 000 000 / 100 = 1 500 000 actions Denise (dont 60 % soit 900 000 seront remis à la société Aline).

2. Écritures comptables

a) Société Aline

L'apport partiel d'actif de la société Brigitte à la société Aline sera effectué à la valeur comptable puisque les sociétés Brigitte et Aline sont sous contrôle commun.
Le capital de la société Brigitte était composé de 600 000 / 60 % = 1 000 000 actions et la valeur comptable de chacune de ces actions au 31 décembre N–1 est de (100 000 000 + 140 000 000) / 1 000 000 = 240 €.
L'apport de la société Brigitte correspond à 96 000 000 / 240 = 400 000 actions (dont 60 % soit 240 000 possédées par la société Aline, acquises au prix de 90 000 000 / 600 000 = 150 €).
Comme il est émis 200 000 titres nouveaux pour remplacer 40 % de 400 000 soit 160 000 existants, la valeur comptable correspondante pour les titres Aline est de :
240 × 160 000 / 200 000 = 192 €.
La prime de fusion sera de :

– prime d'émission sur les nouveaux titres : 200 000 × (192 – 100) =	18 400 000
– boni de fusion sur anciens titres : 240 000 × (240 – 150) =	21 600 000
	40 000 000

On passera l'écriture suivante :

	1.01.N		
456	Société Brigitte, compte d'apport	96 000 000	
101	Capital social *200 000 × 100*		20 000 000
1042	Prime de fusion		40 000 000
261	Titres de participation *240 000 × 150*		36 000 000
	Apport partiel branche « Electricité »		

Pour l'échange des titres Brigitte par les titres Colette et Denise, on ne passera aucune écriture, aucune transaction monétaire n'ayant été effectuée lors de cet échange et les immobilisations financières ne pouvant dans le PCG être réévaluées.

b) Société Brigitte

Les écritures enregistrées seront des écritures de cession des actifs puis de partage. Ils seront effectués aux valeurs réelles, seules valeurs valables pour déterminer les droits de chacun.

On passera les écritures suivantes (en passant directement par un compte de résultat de scission):

	1.01N		
456	Société Aline	130 000 000	
4.	Dettes	40 000 000	
2.	Actif immobilisé *26 000 000 + 70 000 000*		96 000 000
3/4/5	Actif circulant		40 000 000
121	Résultat de la scission		
	140 000 – 96 000 – 10 000 (impôts sur plus-values) k€		34 000 000
	Cession branche « Électricité »		
456	Société Colette	90 000 000	
4.	Dettes	47 000 000	
2.	Actif immobilisé *12 000 000 + 52 000 000*		62 000 000
3/4/5.	Actif circulant		39 000 000
121	Résultat de la scission		
	95 000 – 54 000 –5 000 (impôts sur plus-values) k€		36 000 000
	Cession branche « Électronique »		
456	Société Denise	150 000 000	
4.	Dettes	73 000 000	
2.	Actif immobilisé *22 000 000 + 80 000 000*		102 000 000
3/4/5.	Actif circulant		61 000 000
121	Résultat de la scission		
	157 000 – 90 000 – 7 000 (impôts sur plus-values) k€		60 000 000
	Cession branche « Automatismes »		
101	Capital social	100 000 000	
110	Réserves et résultat	140 000 000	
121	Résultat de la scission *34 000 + 36 000 + 60 000 k€*	130 000 000	
456	Société Aline *370 000 000 × 60 %*		222 000 000
456	Autres actionnaires		148 000 000
	Répartition capitaux propres		
456	Société Aline *144 000 000 + 78 000 000*	222 000 000	
456	Autres actionnaires	148 000 000	
456	Société Aline		130 000 000
456	Société Colette		90 000 000
456	Société Denise		150 000 000
	Attribution des titres et solde des comptes		

- La société Aline recevra réellement 600 000 × 60 % = 360 000 actions Colette à 150 € pour 54 000 k€ et 1 500 000 × 60 % = 900 000 actions Denise à 100 € pour 90 000 k€, soit au total 144 000 k€. Elle renoncera à la quote-part qui lui revient dans la société Brigitte pour l'apport de la branche « Électricité », soit 130 000 k€ × 60 % = 78 000 k€.

• Les autres actionnaires recevront réellement 200 000 actions Aline à 260 € pour 52 000 k€, 600 000 × 40% = 240 000 actions Colette à 150 € pour 36 000 k€ et 1 500 000 × 40% = 600 000 actions Denise à 100 € pour 60 000 k€, soit au total 148 000 k€.

c) Société Colette

Les sociétés Brigitte et Colette étant sous contrôle distinct, les apports seront comptabilisés à la valeur réelle.
On passera l'écriture suivante :

	1.01.N		
456	Société Brigitte, compte d'apport	90 000 000	
101	Capital social *600 000 × 100*		60 000 000
1042	Prime de fusion *600 000 × (150 –100)*		30 000 000
	Apport partiel branche « Électronique »		

d) Société Denise

Les apports devraient être comptabilisés à la valeur comptable. Les sociétés apporteuse (Brigitte) et bénéficiaire (Denise) étant sous contrôle commun de la société Aline. Cependant, la valeur réelle doit être retenue car la valeur comptable serait insuffisante pour assurer la libération du capital.
On passera l'écriture suivante :

	1.01.N		
456	Société Brigitte, compte d'apport	150 000 000	
101	Capital social *1 500 000 × 100*		150 000 000
	Apport partiel branche « Automatismes »		

13 Périmètre de consolidation

1. Notions de contrôle exclusif, de contrôle conjoint et d'influence notable
2. Méthodes de consolidation
3. Exceptions à l'obligation de présenter des comptes consolidés
4. Exemption à l'obligation d'intégrer toutes les filiales ou participations
5. Cas des entités « ad hoc »

PRINCIPES CLÉS

- Selon l'article L. 233-16 du Code de commerce, les sociétés commerciales doivent établir et publier chaque année des comptes consolidés « dès lors qu'elles contrôlent de manière exclusive ou conjointe une ou plusieurs autres entreprises. Il n'y a pas d'obligation de consolidation pour les sociétés qui ne détiennent que des entreprises sous influence notable. L'article L. 233-17-2 précise toutefois que « sont comprises dans la consolidation les filiales ou participations contrôlées de manière exclusive ou conjointe ou sur lesquelles est exercée une influence notable »..
- Ces sociétés doivent utiliser les normes comptables internationales pour établir ces comptes consolidés (*voir fiche 3*) si elles font appel public à l'épargne sur un marché réglementé (article 4 du règlement européen 1606/2002 du 19 juillet 2002 sur l'application des normes comptables internationales).
- Définir un périmètre de consolidation, c'est déterminer les sociétés qu'il faut prendre en compte pour l'établissement des comptes consolidés.

1 Notions de contrôle exclusif, de contrôle conjoint et d'influence notable

Ces notions sont définies par les articles L. 233-16 et L. 233-17-2 du Code de commerce, le RRCC (règlement 99.02 du CRC) ainsi que par les normes IFRS 10, IFRS 11 et IAS 28. Les définitions données de part et d'autre sont assez semblables.

a. Définitions du règlement relatif aux comptes consolidés

■ *Entreprises sous contrôle exclusif*

Le contrôle exclusif est le pouvoir de diriger les politiques financière et opérationnelle d'une entreprise afin de tirer avantage de ses activités. Il résulte :

- soit de la détention directe ou indirecte de la majorité des droits de vote dans une autre entreprise ;
- soit de la désignation, pendant deux exercices successifs de la majorité des membres des organes d'administration, de direction ou de surveillance d'une autre entreprise ; l'entreprise consolidante est présumée avoir effectué cette désignation lorsqu'elle a disposé, au cours de cette période, directement ou indirectement, d'une fraction supérieure à 40 % des droits de vote et qu'aucun autre associé ou actionnaire ne détenait, directement ou indirectement, une fraction supérieure à la sienne ;
- soit du droit d'exercer une influence dominante sur une entreprise en vertu d'un contrat ou de clauses statutaires, lorsque le droit applicable le permet ; l'influence dominante existe dès lors que, dans les conditions décrites ci-dessus, l'entreprise consolidante a la possibilité d'utiliser ou d'orienter l'utilisation des actifs de la même façon qu'elle contrôle ses propres actifs.

■ *Entreprises sous contrôle conjoint*

Le contrôle conjoint est le partage du contrôle d'une entreprise exploitée en commun par un nombre limité d'associés ou d'actionnaires, de sorte que les politiques financière et opérationnelle résultent de leur accord.

■ *Entreprises sous influence notable*

L'influence notable est le pouvoir de participer aux politiques financière et opérationnelle d'une entreprise sans en détenir le contrôle. L'influence notable sur les politiques financière et opérationnelle d'une entreprise est présumée lorsque l'entreprise consolidante dispose, directement ou indirectement, d'une fraction au moins égale à 20 % des droits de vote de cette entreprise.

b. Définitions des IFRS (normes comptables internationales)

■ *IFRS 10 (annexe A)*

Le contrôle d'une entité faisant l'objet d'un investissement est ainsi défini : « Un investisseur contrôle une entité faisant l'objet d'un investissement lorsqu'il est exposé ou qu'il a droit à des rendements variables en raison de ses liens avec l'entité faisant l'objet d'un investissement et qu'il a la capacité d'influer sur ces rendements du fait du pouvoir qu'il détient sur celle-ci. »

■ *IAS 11 (annexe A)*

Le contrôle conjoint est le « partage contractuellement convenu du contrôle exercé sur une entreprise (ou une opération), qui n'existe que dans le cas où les décisions concernant les activités pertinentes requièrent le consentement unanime des parties partageant le contrôle ».

■ *IAS 28 (§ 3)*

L'influence notable est le pouvoir de participer aux décisions de politique financière et opérationnelle de l'entreprise détenue (appelée par la norme « entité associée »), sans toutefois exercer un contrôle ou un contrôle conjoint sur ces politiques.

2 Méthodes de consolidation

Selon la relation de la société mère avec les entreprises faisant partie du groupe on peut déterminer les méthodes de consolidation applicables :

Relation	Règles françaises	Normes IFRS
Contrôle (exclusif)	Intégration globale	Consolidation
Contrôle conjoint (coentreprises)	Intégration proportionnelle	Mise en équivalence
Influence notable	Mise en équivalence	Mise en équivalence

Remarque

Les termes intégration globale et consolidation correspondent à la même opération.

- **L'intégration globale** (consolidation en IFRS) consiste à :
- intégrer dans les comptes de l'entreprise consolidante les éléments des comptes des entreprises consolidées, après retraitements éventuels ;
- répartir les capitaux propres et le résultat entre les intérêts de l'entreprise consolidante et les intérêts des autres actionnaires ou associés dits « intérêts minoritaires » ou « participations ne donnant pas le contrôle » (en IFRS) ;
- éliminer les opérations et comptes entre l'entreprise intégrée globalement et les autres entreprises consolidées.

- **L'intégration proportionnelle** consiste à :
- intégrer dans les comptes de l'entreprise consolidante la fraction représentative de ses intérêts dans les comptes de l'entreprise consolidée, après retraitements éventuels ; aucun intérêt minoritaire n'est donc constaté ;
- éliminer les opérations et comptes entre l'entreprise intégrée proportionnellement et les autres entreprises consolidées.

- **La mise en équivalence** consiste à :
- substituer à la valeur comptable des titres détenus, la quote-part des capitaux propres, y compris le résultat de l'exercice déterminé d'après les règles de consolidation ;
- éliminer les opérations et comptes entre l'entreprise mise en équivalence et les autres entreprises consolidées.

3 Exceptions à l'obligation de présenter des comptes consolidés

a. Règles françaises

Selon l'article L. 233-17 du Code de commerce, ne sont pas tenues de présenter les comptes consolidés :

- les sociétés sous le contrôle d'une entreprise qui les inclut dans ses comptes consolidés et publiés ; l'exemption est subordonnée à la condition qu'un ou plusieurs actionnaires de l'entreprise contrôlée représentant au moins un dixième de son capital social ne s'y opposent pas ;
- les sociétés dont l'ensemble constitué avec les entreprises qu'elle contrôle ne dépasse pas pendant deux exercices successifs une taille déterminée par référence à deux de trois critères fixés par décret (chiffre d'affaires : 48 millions d'euros, total du bilan : 24 millions d'euros, effectif : 250).

b. Règles internationales

Selon IFRS 10 § 4, une société mère n'a pas l'obligation de présenter des états financiers consolidés si toutes les conditions suivantes sont remplies :

- il s'agit d'une filiale entièrement détenue, ou encore d'une filiale partiellement détenue par une autre entité et tous ses autres propriétaires, y compris ceux qui ne sont généralement pas habilités à voter, ont été informés que la société mère ne présente pas d'états financiers consolidés et ne s'y opposent pas ;
- ses instruments de dette ou de capitaux propres ne sont pas négociés sur un marché organisé (une bourse des valeurs nationale ou étrangère ou un marché de gré à gré, y compris un marché local ou régional) ;
- elle n'a pas déposé, et n'est pas en voie de déposer, ses états financiers auprès d'une autorité de réglementation des valeurs mobilières ou d'une autre autorité de réglementation, aux fins d'émettre des instruments d'une catégorie quelconque sur un marché organisé ;
- sa société mère ultime ou l'une de ses sociétés mères intermédiaires produit des états financiers consolidés mis à la disposition du public, qui sont conformes aux normes IFRS.

4 Exemption à l'obligation d'intégrer toutes les filiales ou participations

a. Règles françaises

Selon l'article L. 233-19 du Code de commerce, une filiale ou une participation peuvent être laissées en dehors de la consolidation lorsque :

- des restrictions sévères et durables remettent en cause substantiellement le contrôle ou l'influence exercée par la société consolidante sur la filiale ou la participation ou les possibilités de transfert de fonds par la filiale ou la participation ;
- les actions ou parts de cette filiale ou participation ne sont détenues qu'en vue de leur cession ultérieure ;
- la filiale ou la participation ne représente, seule ou avec d'autres, qu'un intérêt négligeable par rapport à l'objectif d'image fidèle ;
- les informations nécessaires à l'établissement des comptes consolidés ne peuvent être obtenues sans frais excessifs ou dans des délais compatibles.

b. Règles internationales

En normes IFRS, les états financiers consolidés doivent comprendre toutes les filiales de la société mère, y compris celles dont le contrôle est destiné à être temporaire du fait que la filiale est acquise et détenue exclusivement en vue de sa cession dans un délai de douze mois lesquelles doivent être comptabilisées selon la norme IFRS 5 « Actifs non courants détenus en vue de la vente et activités abandonnées ».

5 Cas des entités « *ad hoc* »

On appelle « entités *ad hoc* » une structure juridique distincte, créée spécifiquement pour gérer une opération ou un groupe d'opérations similaires pour le compte d'une entreprise.
L'entité *ad hoc* est structurée ou organisée de manière telle que son activité n'est en fait exercée que pour le compte de cette entreprise, par mise à disposition d'actifs ou fourniture de biens, de services ou de capitaux.
En normes françaises comme en normes internationales, une entité ad hoc est comprise dans le périmètre de consolidation dès lors qu'une ou plusieurs entreprises contrôlées ont en substance en vertu de contrats, d'accords, de clauses statutaires, le contrôle de la dite entité.

Application

Le directeur financier de la société Adèle a consulté votre cabinet d'expertise comptable car il pense devoir établir des comptes consolidés pour l'exercice N. Il vous fournit l'organigramme du groupe (annexe 1) et des informations portant sur certaines sociétés du groupe (annexe 2).

Indiquer dans un tableau :
- **la nature du contrôle ;**
- **la méthode de consolidation en normes françaises (RRCC) ;**
- **la méthode de consolidation en normes IFRS.**

Annexe 1 : Organigramme du groupe (% de détention du capital)

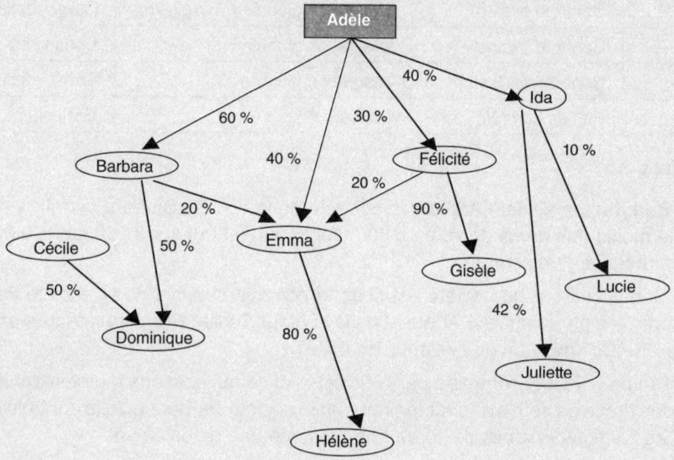

Annexe 2 : Informations portant sur certaines sociétés du groupe

- Société Barbara : société au capital de 10 000 actions dont 1 000 actions à dividende prioritaire sans droit de vote. La société Adèle possède 6 000 actions dont 200 sans droit de vote.
- Société Dominique : cette société est une filiale commune des sociétés Cécile et Barbara qui en assument la gestion paritairement.
- Société Hélène : société étrangère dont les actions ne sont détenues qu'en vue d'une cession ultérieure.
- Société Ida : société au capital de 20 000 actions dont 5 000 actions à vote double. La société Adèle possède 8 000 actions dont 4 600 à vote double.
- Société Juliette : société contrôlée par la société Ida qui a désigné plus de la moitié des membres du conseil d'administration.

Corrigé

Sociétés	Nature du contrôle	Méthode en RRCC	Méthode en IFRS
Barbara	Contrôle exclusif	Intégration globale	Consolidation
Dominique	Contrôle conjoint	Intégration proportionnelle	Mise en équivalence
Emma	Contrôle exclusif	Intégration globale	Consolidation
Félicité	Influence notable	Mise en équivalence	Mise en équivalence

●●●

•••

Sociétés	Nature du contrôle	Méthode en RRCC	Méthode en IFRS
Gisèle	Pas de contrôle	Exclusion	Exclusion
Hélène	Contrôle exclusif	Intégration globale ou exclusion	Consolidation
Ida	Contrôle exclusif	Intégration globale	Consolidation
Juliette	Contrôle exclusif	Intégration globale	Consolidation
Lucie	Pas de contrôle	Exclusion	Exclusion

Commentaires

- Société Barbara : la société Adèle a le contrôle de la société Barbara car elle est titulaire de plus de la moitié des droits de vote : 5 800 (soit 6 000 – 200) sur 9 000 (soit 10 000 – 1 000). Elle sera intégrée globalement.
- Société Dominique : cette société est sous le contrôle conjoint de la société Barbara, elle-même contrôlée par la société Adèle et de la société Cécile. Elle sera intégrée proportionnellement en RRCC (mise en équivalence en IFRS).
- Société Emma : elle est contrôlée par la société Adèle qui possède directement 40 % des actions et des droits de vote et indirectement (par la société Barbara qu'elle contrôle qui possède 20 % de ces actions et droits de vote). Elle sera intégrée globalement.
- Société Félicité : la société Adèle qui possède 30 % des actions et droits de vote a ce qu'on peut appeler une influence notable sur la gestion de cette société. Elle sera mise en équivalence.
- Société Gisèle : cette société est contrôlée par la société Félicité, laquelle cependant n'est pas contrôlée par la société Adèle ; elle n'est donc pas consolidable.
- Société Hélène : cette société est contrôlée par la société Emma. Elle devrait être intégrée globalement : toutefois, elle peut être laissée (en normes françaises) en dehors de la consolidation car elle est appelée à être cédée.
- Société Ida : cette société est contrôlée par la société Adèle car celle-ci a la majorité des droits de vote : 12 600 (8 000 + 4 600) sur 25 000 (10 000 + 5 000). Elle sera intégrée globalement.
- Société Juliette : cette société est contrôlée par la société Ida qui a désigné plus de la moitié des membres du conseil d'administration (en règles françaises, il y a présomption de contrôle puisque le pourcentage des droits de vote et des actions est supérieur à 40 %). Elle sera intégrée globalement.
- Société Lucie : cette société n'est pas contrôlée, ni directement ni indirectement par la société Adèle (10 % de droits de vote). Elle n'est pas consolidable.

Pourcentages de contrôle et d'intérêt 14

1 Détermination des pourcentages de contrôle et d'intérêt
2 Problèmes posés par les participations réciproques ou circulaires

PRINCIPES CLÉS

Le pourcentage de contrôle représente le pourcentage de droits de vote que peut avoir la société consolidante, soit directement, soit indirectement, sur une filiale ou une participation : le pourcentage d'intérêt représente la quote-part du patrimoine de la filiale ou de la participation que possède la société consolidante.
Le pourcentage de contrôle permet de déterminer si une société entre dans le périmètre de consolidation et quelle méthode lui est applicable alors que en principes clés le pourcentage d'intérêt permet de déterminer les intérêts majoritaires et minoritaires directs ou indirects, en particulier dans le cas d'une consolidation directe.

1 Détermination des pourcentages de contrôle et d'intérêt

- Pour déterminer le pourcentage de contrôle, il y a lieu de déterminer le rapport entre le nombre de droits de vote dont dispose directement (ou indirectement) la société mère et le nombre de droits de vote attachés aux titres de la filiale ou de la participation.
- Pour déterminer le pourcentage d'intérêt, il y a lieu de déterminer le rapport entre le capital qui appartient directement (ou indirectement) à la société mère et le capital de la filiale ou de la participation.

Exemple

La société A est la société mère d'un groupe composé des sociétés A, B et C.
La société A est propriétaire de 6 300 actions B (sur 9 000) dont 1 000 actions à vote double (sur 2 000) et 500 actions à dividende prioritaire sans droit de vote (sur 1 000).
La société B est propriétaire de 4 000 actions C (sur 5 000). Il n'existe pas dans la société C d'actions à vote double et d'actions sans droit de vote.
Le nombre de droits de vote sur la société B que possède la société A est de 6 300 – 1 000 + 1 000 × 2 – 500 = 6 800.
Le nombre de droits de vote attachés aux actions de la société B est de 9 000 – 2 000 + 2 000 × 2 – 1 000 = 10 000.
Le pourcentage de contrôle de A sur B est de 6 800 / 10 000 = 68 %.
Le pourcentage d'intérêt de A dans B est de 6 300 / 9 000 = 70 %.
Le nombre de droits de vote sur la société C que possède la société B est de 4 000.
Le nombre de droits de vote attachés aux actions de la société B est de 5 000.
Le pourcentage de contrôle de B sur C est de 4 000 / 5 000 = 80 %.
Le pourcentage d'intérêt de B dans C est de 4 000 / 5 000 = 80 %.
Le pourcentage de contrôle de A sur C est le même que celui de B sur C puisque A contrôle B.
Le pourcentage d'intérêt de A dans C est de 70 % × 80 % = 56 % .

2 Problèmes posés par les participations réciproques ou circulaires

En cas de participations réciproques (celles-ci ne sont autorisées que pour des fractions inférieures à 10 % du capital) ou circulaires, le calcul des pourcentages de contrôle doit tenir compte des actions détenues au titre de l'autocontrôle (l'article. L. 233-31 du Code de Commerce précisant en effet que « lorsque des actions ou des droits de vote sont possédées par une ou plusieurs sociétés dont elle détient directement ou indirectement le contrôle, les droits de votes attachés à ces actions ou ces droits de vote ne peuvent être exercées à l'assemblée générale de la société ») et le calcul des pourcentages d'intérêt s'effectue par la résolution d'un système d'équations à *n* inconnues.

Exemple

Supposons une société A qui possède 80 % des actions et droits de vote d'une société B, laquelle possède 60 % des actions et droits de vote de la société C, laquelle possède 70 % des actions et droits de vote d'une société D, laquelle possède 10 % du capital et des droits de vote théoriques de la société B tel que le schéma ci-dessous le décrit :

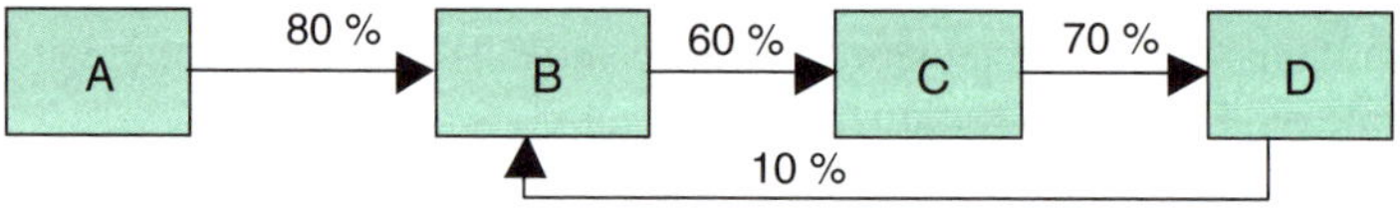

Les actions que D possède n'ont pas le droit aux assemblées de la société B, le pourcentage de contrôle de A sur B est donc de 80 % / (100 % – 10 %) = 88,89 %. Le pourcentage de contrôle de B sur C (et de A sur C) est de 60 %, celui de C sur D (et de A sur D) est de 70 %.
On appellera *b*, *c*, *d*, les pourcentages d'intérêts de A sur B, de A sur C et de A sur D. on peut écrire :
$b = 0{,}80 + 0{,}10\ d$ $c = 0{,}60\ b$ $d = 0{,}70\ c$

ce qui donnera :
$b = 83{,}5\ \%$ $c = 50{,}1\ \%$ $d = 35{,}07\ \%$

Application

Suite au travail que votre cabinet a présenté pour établir la consolidation du groupe Adèle (*fiche 13*), le directeur financier de la société mère vous précise que la société Hélène a pris une participation de 5 % du capital dans la société Barbara.
Après analyse, vous en avez conclu que les conclusions que vous avez présentées, dans le tableau précisant pour chacune des sociétés du groupe la nature du contrôle et les méthodes de consolidation à retenir (*solution fiche 13*), n'ont pas à être modifiées. Vous décidez cependant de fournir en annexe de ce document un tableau fournissant les pourcentages de contrôle et d'intérêt de la société mère, la société Adèle, sur chacune des sociétés du groupe.

Indiquer dans un tableau, pour chaque filiale, la participation en distinguant pourcentage direct et pourcentage indirect :
– le pourcentage de contrôle ;
– le pourcentage d'intérêt.

Corrigé

On obtiendra le tableau suivant :

Sociétés	Pourcentage de contrôle			Pourcentage d'intérêt		
	Direct	Indirect	Total	Direct	Indirect	Total
Barbara	68,23		68,23	60,00	2,34	62,34
Dominique		50,00	50,00		31,17	31,17
Emma	40,00	20,00	60,00	40,00	18,47	58,47
Félicité	30,00		30,00	30,00		30,00
Gisèle			0,00		27,00	27,00
Hélène		80,00	80,00		46,77	46,77
Ida	50,40		50,40	40,00		40,00
Juliette		42,00	42,00		16,80	16,80
Lucie		10,00	10,00		4,00	4,00

Commentaires

• Société Barbara

– pourcentage de contrôle : le capital est de 10 000 actions dont 1 000 actions sans droit de vote auxquelles il faut ajouter les 500 actions (5 % du capital) possédées par la société Hélène. Il y a donc 8 500 droits exerçables. La société Adèle possède 6 000 actions dont 200 sans droit de vote : elle a 5 800 droits de vote. Le pourcentage de contrôle est de 5 800 / 8 500 = 68,23 % ;

– pourcentage d'intérêt d'Emma sur Hélène : il y a lieu de poser un système d'équation (participations circulaires ; on appellera *b* le pourcentage d'intérêt d'Adèle sur Barbara, *e* le pourcentage d'intérêt d'Adèle sur Emma, *h* le pourcentage d'intérêt d'Emma sur Hélène) ; on a :

$b = 0{,}60 + 0{,}05\ h$

$e = 0{,}40 + 0{,}20\ b + 0{,}30 \times 0{,}20$ (par Félicité) $= 0{,}46 + 0{,}20\ b$

$h = 0{,}80\ e$

On obtient :

$e = 0{,}46 + 0{,}20 \times (0{,}60 + 0{,}05\ h) = 0{,}46 + 0{,}12 + 0{,}01\ h = 0{,}58 + 0{,}01\ h$

$h = 0{,}80 \times (0{,}58 + 0{,}01h) = 0{,}464 + 0{,}008\ h$

$h - 0{,}008\ h = 0{,}464$

$0{,}992\ h = 0{,}464$

$h = 0{,}464 / 0{,}992 = 0{,}4677$ soit 46,77 %

$b = 0{,}60 + 0{,}05 \times 0{,}4677 = 0{,}6234$ soit 62,34 %

$e = 0{,}46 + 0{,}20 \times 0{,}6234 = 0{,}5847$ soit 58,47 %

• Société Dominique

– pourcentage de contrôle : 50 %

– pourcentage d'intérêt : 62,34 % × 50 % = 31,17 %

• Société Emma

– pourcentage de contrôle : 40 % (direct) + 20 % (par Barbara) = 60 %

– pourcentage d'intérêt : 58,47 % (voir calcul Barbara)

• Société Félicité

– pourcentage de contrôle : 30 %

– pourcentage d'intérêt : 30 %

• Société Gisèle

– pourcentage de contrôle : 0 % (la société Félicité n'a pas le contrôle)

– pourcentage d'intérêt : 30 % × 90 % = 27 %

• Société Hélène

– pourcentage de contrôle : 80 % (indirectement par Emma)

– pourcentage d'intérêt : 46,77 % (voir calcul Barbara)

• Société Ida

– pourcentage de contrôle : (8 000 + 4 600) / (20 000 + 5 000) = 50,40 %

– pourcentage d'intérêt : 8 000 / 20 000 = 40 %

• Société Juliette

– pourcentage de contrôle : 42 % (mais majorité des administrateurs)

– pourcentage d'intérêt : 40 % × 42 % = 16, 80 %

• Société Lucie

– pourcentage de contrôle : 10 %

– pourcentage d'intérêt : 40 % × 10 % = 4 %

Méthodes de consolidation 15

1 Étapes de la consolidation
2 Méthodes pratiques de consolidation
3 Traitement des titres mis en équivalence
4 Traitement des entités intégrées globalement
5 Traitement des sociétés intégrées proportionnellement

PRINCIPES CLÉS

Le règlement relatif aux comptes consolidés (ainsi que les normes IFRS) distinguent trois méthodes de consolidation (*voir fiche 13*) :
- l'intégration globale (appelée simplement « consolidation » en IFRS) ;
- l'intégration proportionnelle (non applicable en IFRS) ;
- la mise en équivalence.

- **L'intégration globale** consiste à intégrer dans les comptes de l'entité consolidante les éléments des comptes des entités consolidées, après retraitements éventuels, à répartir les capitaux propres et le résultat entre les intérêts de l'entité consolidante et les intérêts des « intérêts minoritaires (ou, en IFRS, des participations ne donnant pas le contrôle ») et à éliminer les opérations et comptes entre l'entité intégrée globalement et les autres entités consolidées.
- **L'intégration proportionnelle** consiste à intégrer dans les comptes de l'entité consolidante la fraction représentative de ses intérêts dans les comptes de l'entité consolidée, après retraitements éventuels, et à éliminer les opérations et comptes entre l'entité intégrée proportionnellement et les autres entités consolidées.
- **La mise en équivalence** consiste à substituer à la valeur comptable des titres détenus, la quote-part des capitaux propres, y compris le résultat de l'exercice déterminé d'après les règles de consolidation et à éliminer les opérations et comptes entre l'entité mise en équivalence et les autres entités consolidées.

1 Étapes de la consolidation

En dehors de la définition du périmètre de consolidation (*voir fiches 13 et 14*), la consolidation s'effectue, en pratique, selon les étapes suivantes :

Retraitement des comptes individuels de l'entité consolidante et des entités intégrées (globalement ou proportionnellement)
Lorsque l'entité établit des comptes consolidés, elle doit procéder aux retraitements relatifs à l'homogénéisation des méthodes et modalités d'évaluation retenues pour la consolidation et notamment à l'élimination de l'incidence sur les comptes consolidés des écritures passées pour la seule application des législations fiscales.
Ces retraitements (appelés aussi « opérations de pré-consolidation ») ont pour but de rendre homogènes les comptes individuels des entités consolidées (*voir fiches 16 à 18*).

Sommation des données de base
Il s'agit d'établir un bilan cumulé et un compte de résultat cumulé des entités intégrées.

Élimination des comptes réciproques et résultats internes
Il s'agit d'éliminer des comptes cumulés (bilan et compte de résultat) les comptes réciproques entre les entités consolidées (comptes clients et fournisseurs par exemple) ou l'effet sur le résultat (ou les réserves) d'opérations effectuées entre les entités consolidées (cessions de stocks, cessions d'immobilisations, dividendes par exemple) (*voir fiche 20*).

Mise en équivalence des entités mise en équivalence
Il s'agit de substituer à la valeur comptable des titres détenus, la quote-part des capitaux propres, y compris le résultat de l'exercice déterminé d'après les règles de consolidation.

Retraitement des capitaux propres et des titres d'entités intégrées
Il s'agit notamment de séparer les droits sur une filiale revenant à l'entité consolidante de ceux revenant aux intérêts minoritaires. Dans le cas des entités intégrées proportionnellement, aucun intérêt minoritaire n'est constaté.

Établissement du bilan, du compte de résultat consolidé (et des annexes)
(*Voir aussi fiches 24 et 25*).

2 Méthodes pratiques de consolidation

Les opérations de consolidation peuvent s'effectuer en effectuant de simples additions ou soustractions effectuées à partir des comptes individuels des entités consolidées ou en enregistrant des écritures comptables. Dans cet ouvrage nous avons privilégié la méthode des écritures comptables, plus adaptée notamment aux cas complexes.
Dans la méthode des écritures comptables, il est possible, et c'est la méthode que nous utiliserons par la suite, d'user du compte « Résultat » comme d'un compte de liaison entre les opérations enregistrées dans le journal conduisant à l'établissement du bilan consolidé et des opérations enregistrées dans un journal conduisant à l'établissement du compte de résultat consolidé.

Exemple

Supposons la consolidation de deux sociétés A et B. La société A contrôle B et possède 60 % du capital. La société A a vendu à prix coûtant 3 000 k€ de marchandises à B.
Au 31 décembre N, la créance de A sur B est de 1 000 k€.
Les bilans et comptes de résultats des deux sociétés vous sont présentés ci-dessous :

Bilan société A (en k€)

Immobilisations	5 000	Capital	3 000
Titres de participation	1 500	Réserves	1 500
Actif circulant	4 000	Résultat	500
		Dettes	5 500
Total	10 500	Total	10 500

Compte de résultat société A (en k€)

Charges	7 500	Produits	8 000
Résultat	500		
Total	8 000	Total	8 000

Bilan société B (en k€)

Immobilisations	6 000	Capital	2 500
Actif circulant	3 000	Réserves	1 000
		Résultat	800
		Dettes	4 700
Total	9 000	Total	9 000

Compte de résultat société A (en k€)

Charges	6 000	Produits	6 800
Résultat	800		
Total	6 800	Total	6 800

On aurait les écritures comptables suivantes :

Pour l'établissement du bilan

Immobilisations	5 000	
Titres de participation	1 500	
Actif circulant	4 000	
Capital A		3 000
Réserves A		1 500
Résultat A		500
Dettes		5 500
Reprise bilan société A		

Immobilisations	6 000	
Actif circulant	3 000	
Capital B		2 500
Réserves B		1 000
Résultat B		800
Dettes		4 700
Reprise bilan société B		
Dettes	1 000	
Actif circulant		1 000
Dettes et créances réciproques		
Capital B	2 500	
Réserves B	1 000	
Résultat B	800	
Titres de participation		1 500
Réserves A *1 000 × 60 %*		600
Résultat A *800 × 60 %*		480
Intérêts minoritaires		1 720
(2 500 + 1 000 + 800) × 40 %		
Retraitement capitaux propres société B		

Pour l'établissement du compte de résultat

Charges	7 500	
Résultat	500	
Produits		8 000
Reprise résultat société A		
Charges	6 000	
Résultat	800	
Produits		6 800
Reprise résultat société B		
Produits	3 000	
Charges		3 000
Ventes et achats réciproques		

Compte tenu de toutes ces écritures, on obtiendra le bilan consolidé et le compte de résultat consolidé suivant :

Bilan consolidé groupe A (en k€)

Immobilisations	11 000	Capital	3 000
Actif circulant	6 000	Réserves	2 100
		Résultat	980
		Intérêts minoritaires	1 720
		Dettes	9 200
Total	17 000	Total	17 000

Exemple

Compte de résultat consolidé groupe A (en k€)

Charges Résultat	10 500 1 300	Produits	11 800
Total	11 800	Total	11 800

Le résultat pourra être analysé comme suit :
- résultat revenant à l'entité consolidante : 980
- résultat revenant aux minoritaires : 800 × 40 % = 320

1 300

3 Traitement des titres mis en équivalence

Les titres mis en équivalence sont réévalués dans les comptes consolidés à la quote-part de l'actif net comptable de la participation.

Exemple

La société Alpha a pris une participation de 30 % lors de la constitution de la société Bêta. Le prix d'acquisition des titres était de 180 000 €.
Les capitaux propres de la société Bêta s'analysent ainsi au 31 décembre N :
- capital : 600 000
- réserves : 300 000
- résultat : 100 000

1 000 000

La valeur d'équivalence des titres Bêta possédés par la société Alpha s'élève à 1 000 000 × 30% = 300 000 €.
Les écritures de retraitement suivantes devront être comptabilisées.

Pour l'établissement du bilan

Titres mis en équivalence (Bêta)	300 000	
Titres de participation (Bêta)		180 000
Réserves Alpha *300 000 × 30 %*		90 000
Résultat Alpha *100 000 × 30 %*		30 000
Mise en équivalence d'une participation		

Pour l'établissement du compte de résultat

Résultat	30 000	
Quote-part dans les résultats des entreprises mises en équivalence		30 000
Mise en équivalence d'une participation		

4 Traitement des entités intégrées globalement

Il s'agit de séparer les droits sur une filiale revenant au groupe de ceux revenant aux intérêts minoritaires.

Ce traitement ne s'intéresse qu'aux comptes de bilan. Il ne change rien à la manière dont le résultat consolidé a été obtenu (il s'agit en fait d'une simple ventilation).

Exemple

Supposons que la société Alpha ait acquis 60 % du capital pour 600 000 € au moment de la constitution du capital de la société Gamma. Les capitaux propres de la société Gamma s'analysent comme suit au 31 décembre N, date de l'établissement des comptes consolidés :

- capital : 1 000 000
- réserves : 600 000
- résultat : 200 000

1 800 000

Le partage de ces capitaux propres entre la société consolidante et les intérêts minoritaires peut s'analyser dans le tableau suivant.

Postes	Total	Groupe Alpha 60 %	Minoritaires 40 %
Capital	1 000 000	600 000	400 000
Réserves	600 000	360 000	240 000
Résultats	200 000	120 000	80 000
Total	1 800 000	1 080 000	720 000

On passera l'écriture suivante :

Pour l'établissement du bilan

	Débit	Crédit
Capital Gamma	1 000 000	
Réserves Gamma	600 000	
Résultat Gamma	200 000	
Titres de participation (Gamma)		600 000
Réserves Alpha		360 000
Résultat Alpha		120 000
Intérêts minoritaires sur capital et réserves *400 000 + 240 000*		640 000
Intérêts minoritaires sur résultat		80 000
Intégration Gamma		

Remarque : on pourra regrouper les intérêts minoritaires en un seul compte. La décomposition sera cependant utile pour l'analyse du résultat (voir ci-dessus § 2.).

Lorsqu'une entité contrôle par l'intermédiaire d'une filiale une sous-filiale, la consolidation peut s'effectuer selon deux techniques :

- la technique de la consolidation directe ;
- la technique de la consolidation par paliers.

La consolidation directe consiste à déterminer tout de suite au niveau de la sous-filiale les intérêts qui reviennent à l'entité mère et aux minoritaires (directs et indirects).

La consolidation par paliers consiste à déterminer au niveau de la sous-filiale, la part qui revient à la filiale et aux minoritaires de la sous-filiale, puis de partager l'actif net de la filiale entre l'entité mère et les minoritaires de la filiale.

Exemple

Supposons que la société Alpha possède 80 % du capital de la société Bêta laquelle possède 60 % du capital de la société Gamma. Le pourcentage d'intérêt de Alpha sur Gamma est de 80 % × 60 % = 48 %.

Dans le cadre d'une consolidation directe, l'écriture de retraitement de la société Gamma fera ressortir que 48 % des capitaux propres reviennent directement à la société mère Alpha alors que 52 % des capitaux propres reviennent aux intérêts minoritaires.

Dans le cadre d'une consolidation par paliers, la même écriture de retraitement fera d'abord ressortir que 60 % des capitaux propres de la société Gamma reviennent à la société Bêta (et devront ensuite être répartis entre Alpha et les minoritaires de Bêta) et 40 % des mêmes capitaux reviennent aux minoritaires.

Si les capitaux propres (résultat inclus) de Bêta sont de 1 000 000 € et ceux de Gamma de 800 000 € et que les titres aient été acquis respectivement pour 600 000 € et 400 000 €, on aurait les écritures de consolidation suivantes.

Consolidation par paliers

	Capitaux propres Gamma	800 000	
	Titres de participation (Gamma)		400 000
	Capitaux propres Bêta *800 000 × 60 % – 400 000*		80 000
	Intérêts minoritaires *800 000 × 40 %*		320 000
	Consolidation Gamma		
	Capitaux propres Bêta *1 000 000 + 80 000*	1 080 000	
	Titres de participation (Bêta)		600 000
	Capitaux propres Alpha *1 080 000 × 80 %* – 600 000		264 000
	Intérêts minoritaires *1 080 000 × 20 %*		216 000
	Consolidation Bêta		

Consolidation directe

	Capitaux propres Gamma	800 000	
	Titres de participation (Gamma)		400 000
	Capitaux propres Alpha *800 000 × 48 % – 400 000 × 80 %*		64 000
	Intérêts minoritaires *800 000 × 52 % – 400 000 × 20 %*		336 000
	Consolidation Gamma		
	Capitaux propres Bêta	1 000 000	
	Titres de participation (Bêta)		600 000
	Capitaux propres Alpha *1 000 000 × 80 % – 600 000*		200 000
	Intérêts minoritaires *1 000 000 × 20 %*		200 000
	Consolidation Bêta		

Exemple

Les deux méthodes donnent bien entendu les mêmes situations consolidées, à savoir :

- capitaux propres Alpha : 264 000
- Intérêts minoritaires : 536 000

Dans cet ouvrage, nous utiliserons, sauf mention particulière, la méthode de consolidation par paliers.

5 Traitement des sociétés intégrées proportionnellement

Ce retraitement s'effectue comme dans le cas d'une entité intégrée globalement. Cependant les intérêts minoritaires n'apparaissent pas puisque seule la quote-part des actifs et des passifs de l'entité intégrée est comprise dans le total du bilan cumulé.

Exemple

Supposons que la société Alpha ait acquis pour 300 000 € au moment de la constitution 50 % du capital de la société Delta dont elle partage conjointement le contrôle. Les capitaux propres de la société Delta s'analysent comme suit :

- capital : 600 000
- réserves : 300 000
- résultat : 100 000

1 000 000

Le partage de ces capitaux propres entre la société consolidante et l'autre entité partageant le contrôle peut s'analyser dans le tableau suivant.

Postes	Total	Groupe Alpha 50 %	Autre entité 50 %
Capital	600 000	300 000	300 000
Réserves	300 000	150 000	150 000
Résultats	100 000	50 000	50 000
Total	1 000 000	500 000	500 000

On passera l'écriture suivante :

Pour l'établissement du bilan

	Débit	Crédit
Capital Delta	300 000	
Réserves Delta	150 000	
Résultat Delta	50 000	
Titres de participation (Delta)		300 000
Réserves Alpha		150 000
Résultat Alpha		50 000
Intégration Delta		

Application

Supposons cinq sociétés, les sociétés Alain, Béatrice, Céline, Dominique et Estelle dont les bilans et comptes de résultat (résumés en milliers d'euros) sont donnés ci-dessous :

Bilan société Alain

Immobilisations corpor.	850 000	Capital	1 000 000
Titres de particip. Béatrice	450 000	Réserves	600 000
Titres de particip. Céline	200 000	Résultat	160 000
Titres de particip Dominique	50 000	Dettes	1 200 000
Autres titres de particip.	10 000		
Actif circulant	1 400 000		
Total	2 960 000	Total	2 960 000

Bilan société Béatrice

Immobilisations corpor.	800 000	Capital	600 000
Titres de particip. Estelle	300 000	Réserves	300 000
Actif circulant	700 000	Résultat	100 000
		Dettes	800 000
Total	1 800 000	Total	1 800 000

Bilan société Céline

Immobilisations corpor.	600 000	Capital	400 000
Actif circulant	700 000	Réserves	300 000
		Résultat	80 000
		Dettes	520 000
Total	1 300 000	Total	1 300 000

Bilan société Dominique

Immobilisations corpor.	400 000	Capital	200 000
Actif circulant	460 000	Réserves	180 000
		Résultat	60 000
		Dettes	420 000
Total	860 000	Total	860 000

Bilan société Estelle

Immobilisations corpor.	800 000	Capital	500 000
Actif circulant	700 000	Réserves	300 000
		Résultat	50 000
		Dettes	650 000
Total	1 500 000	Total	1 500 000

Compte de résultat société Alain

Charges d'exploitation	1 700 000	Produits d'exploitation	2 000 000
Charges financières	140 000	Produits financiers	100 000
Charges exceptionnelles	120 000	Produits exceptionnels	100 000
Impôt sur les sociétés	80 000		
Résultat	160 000		
Total	2 200 000	Total	2 200 000

Compte de résultat société Béatrice

Charges d'exploitation	1 460 000	Produits d'exploitation	1 600 000
Charges financières	90 000	Produits financiers	80 000
Charges exceptionnelles	100 000	Produits exceptionnels	120 000
Impôt sur les sociétés	50 000		
Résultat	100 000		
Total	1 800 000	Total	1 800 000

Compte de résultat société Céline

Charges d'exploitation	920 000	Produits d'exploitation	1 000 000
Charges financières	70 000	Produits financiers	100 000
Charges exceptionnelles	10 000	Produits exceptionnels	20 000
Impôt sur les sociétés	40 000		
Résultat	80 000		
Total	1 120 000	Total	1 120 000

Compte de résultat société Dominique

Charges d'exploitation	380 000	Produits d'exploitation	500 000
Charges financières	40 000	Produits financiers	30 000
Charges exceptionnelles	40 000	Produits exceptionnels	20 000
Impôt sur les sociétés	30 000		
Résultat	60 000		
Total	550 000	Total	550 000

Compte de résultat société Estelle

Charges d'exploitation	800 000	Produits d'exploitation	1 000 000
Charges financières	140 000	Produits financiers	120 000
Charges exceptionnelles	185 000	Produits exceptionnels	80 000
Impôt sur les sociétés	25 000		
Résultat	50 000		
Total	1 200 000	Total	1 200 000

- La société Alain possède 75 % du capital de la société Béatrice, acquis au moment de la constitution de ladite société. La société Béatrice possède 60 % du capital de la société Estelle, acquis également au moment de la constitution de la société.
- Alain possède également 50 % du capital de la société Céline, acquis au moment de la création de ladite société (le capital de la société Céline est aussi possédé à hauteur de 50 % par le groupe Odette, la société Céline étant contrôlée conjointement par la société Alain et le groupe Odette).
- Alain possède enfin 25 % du capital de la société Dominique acquis au moment de la constitution de ladite société et 10 % des titres Sabine acquis 10 000 k€.

1. Établir le bilan consolidé en normes françaises par la méthode des écritures comptables (consolidation par paliers).

2. Présenter les écritures comptables différentes de celles présentées dans la consolidation par paliers nécessaires dans le cadre d'une consolidation directe. Comparer le détail des calculs conduisant aux montants figurant au passif du bilan consolidé, obtenus par la consolidation par paliers et par la consolidation directe.

3. Établir le compte de résultat de résultat consolidé.

Corrigé

Si la société Alain doit présenter des comptes consolidés, elle réalisera une intégration globale des sociétés Béatrice et Estelle (car elle en a le contrôle exclusif). La société Céline sera intégrée proportionnellement alors que les titres Dominique seront mis en équivalence, c'est-à-dire réévalués. Par contre les titres de la société Sabine sur laquelle la société Alain n'a aucune influence notable seront maintenus au bilan à leur valeur historique.

1. Consolidation du bilan par écritures comptables (consolidation par paliers)

	Immobilisations corporelles	850 000	
	Titres de participation Béatrice	450 000	
	Titres de participation Céline	200 000	
	Titres de participation Dominique	50 000	
	Autres titres de participation	10 000	
	Actif circulant	1 400 000	
	Capital Alain		1 000 000
	Réserves Alain		600 000
	Résultat Alain		160 000
	Dettes		1 200 000
	Reprise bilan société Alain		

Immobilisations corporelles	800 000	
Titres de participation Estelle	300 000	
Actif circulant	700 000	
Capital Béatrice		600 000
Réserves Béatrice		300 000
Résultat Béatrice		100 000
Dettes		800 000
Reprise bilan société Béatrice		
Immobilisations corporelles	300 000	
Actif circulant	350 000	
Capital Céline		200 000
Réserves Céline		150 000
Résultat Céline		40 000
Dettes		260 000
Reprise bilan société Céline (à 50 %)		
Immobilisations corporelles	800 000	
Actif circulant	700 000	
Capital Estelle		500 000
Réserves Estelle		300 000
Résultat Estelle		50 000
Dettes		650 000
Reprise bilan société Estelle		
Capital Estelle	500 000	
Réserves Estelle	300 000	
Résultat Estelle	50 000	
Titres de participation Estelle		300 000
Réserves Béatrice		180 000
Résultats Béatrice		30 000
Intérêts minoritaires capital et réserves *200 000 + 120 000*		320 000
Intérêts minoritaires résultats		20 000
Retraitement capitaux propres et titres société Estelle		
Capital Béatrice	600 000	
Réserves Béatrice *300 000 + 180 000*	480 000	
Résultat Béatrice *100 000 + 30 000*	130 000	
Titres de participation Béatrice		450 000
Réserves Alain		360 000
Résultats Alain		97 500
Intérêts minoritaires capital et réserves *150 000 + 120 000*		270 000
Intérêts minoritaires résultats		32 500
Retraitement capitaux propres et titres société Béatrice		
Capital Céline	200 000	
Réserves Céline	150 000	
Résultat Céline	40 000	
Titres de participation Céline		200 000
Réserves Alain		150 000
Résultats Alain		40 000
Retraitement capitaux propres et titres société Céline		

Titres Dominique mis en équivalence		110 000	
Titres de participation Dominique			50 000
Réserves Alain			45 000
Résultat Alain			15 000
Mise en équivalence Dominique			

À la suite de ces écritures, on obtiendra le bilan consolidé suivant :

Bilan groupe Alain

Immobilisations corpor.	2 750 000	Capital	1 000 000
Titres mis en équiv. Dominique	110 000	Réserves	1 155 000
Autres titres de particip.	10 000	Résultat	312 500
Actif circulant	3 150 000	Intérêts minoritaires *590 000 + 52 500*	642 500
		Dettes	2 910 000
Total	6 020 000	Total	6 020 000

2. Consolidation du bilan par écritures comptables (consolidation directe)

On retrouvera les mêmes écritures que celles figurant dans la question précédente, à l'exception de celles concernant l'élimination des titres Béatrice et des titres Estelle.
Le pourcentage d'intérêt d'Alain dans Béatrice est de 75 % et dans Estelle de 75 % × 60 % = 45 %.
On présentera les écritures suivantes :

Capital Béatrice		600 000	
Réserves Béatrice *300 000 + 180 000*		300 000	
Résultat Béatrice *100 000 + 30 000*		100 000	
Titres de participation Béatrice			450 000
Réserves Alain *(600 000 + 300 000) × 75 % – 450 000*			225 000
Résultats Alain *100 000 × 75 %*			75 000
Intérêts minoritaires capital et réserves *(600 000 + 300 000) × 25 %*			225 000
Intérêts minoritaires résultats *100 000 × 25 %*			25 000
Retraitement capitaux propres et titres société Béatrice			
Capital Estelle		500 000	
Réserves Estelle		300 000	
Résultat Estelle		50 000	
Titres de participation Estelle			300 000
Réserves Alain *(500 000 + 300 000) × 45 % – 300 000 × 75 %*			135 000
Résultats Alain *50 000 × 45 %*			22 500
Intérêts minoritaires capital et réserves *(500 000 + 300 000) × 55 % – 300 000 × 25 %*			365 000
Intérêts minoritaires résultats *50 000 × 55 %*			27 500
Retraitement capitaux propres et titres société Estelle			

Les tableaux de détermination des éléments du passif se présenteront comme suit :

	Consolidation par paliers	Consolidation directe	Montants
Capital	1 000 000 + 600 000 + 200 000 + 500 000 – 500 000 – 600 000 – 200 000	1 000 000 + 600 000 + 200 000 + 500 000 – 500 000 – 200 000 – 600 000	1 000 000
Réserves	600 000 + 300 000 + 150 000 + 300 000 – 300 000 + 180 000 – 480 000 + 360 000 – 150 000 + 150 000 + 45 000	600 000 + 300 000 + 150 000 + 300 000 – 300 000 + 225 000 – 300 000 + 135 000 – 150 000 + 150 000 + 45 000	1 155 000
Résultat	160 000 + 100 000 + 40 000 + 50 000 – 50 000 + 30 000 – 130 000 + 97 500 – 150 000 + 150 000 + 15 000	160 000 + 100 000 + 40 000 + 50 000 – 100 000 + 75 000 – 50 000 + 22 500 – 150 000 + 150 000 + 15 000	312 500
Intérêts minoritaires	320 000 + 20 000 + 270 000 + 32 500	225 000 + 25 000 + 365 000 + 27 500	642 500
Dettes	1 200 000 + 800 000 + 260 000 + 650 000	1 200 000 + 800 000 + 260 000 + 650 000	2 910 000
Total			6 020 000

3. Consolidation du compte de résultat

Comme pour le bilan, le compte de résultat est obtenu en cumulant les éléments (par des écritures ou un tableau) des comptes de résultats des sociétés intégrées : Alain, Béatrice, Estelle et Céline à 50 %.

Tableau d'obtention du résultat cumulé

	Alain	Béatrice	Estelle	Céline (50%)	Total
Charges d'exploitation	1 700 000	1 460 000	800 000	460 000	4 420 000
Charges financières	140 000	90 000	140 000	35 000	405 000
Charges exceptionn.	120 000	100 000	185 000	5 000	410 000
Impôt sur les sociétés	80 000	50 000	25 000	20 000	175 000
Résultat	160 000	100 000	50 000	40 000	350 000
	2 200 000	1 800 000	1 200 000	560 000	5 760 000
Produits d'exploitation	2 000 000	1 600 000	1 000 000	500 000	5 100 000
Produits financiers	100 000	80 000	120 000	50 000	350 000
Produits exceptionnels	100 000	120 000	80 000	10 000	310 000
	2 200 000	1 600 000	1 200 000	560 000	5 760 000

La seule écriture nécessaire concerne ici la prise en compte du résultat de la société mis en équivalence.

		Débit	Crédit
	Résultat	15 000	
	Résultat des sociétés mises en équivalence		15 000
	Résultat Dominique		

Nous présenterons le compte de résultat consolidé sous forme de liste (modèle 99-02)

Produits d'exploitation Charges d'exploitation	5 100 000 4 420 000
Résultat d'exploitation	680 000
Produits financiers Charges financières	350 000 405 000
Résultat financier	–55 000
Résultat courant	625 000
Produits exceptionnels Charges exceptionnelles	310 000 410 000
Résultat exceptionnel	–100 000
Impôts sur les sociétés	–175 000
Résultat des sociétés intégrées	350 000
Résultat des sociétés mises en équivalence	15 000
Résultat du groupe	365 000
Résultats majoritaires Résultats minoritaires	312 500 52 500

NB. Résultats majoritaires et minoritaires donnés dans l'analyse qui a conduit à la consolidation du bilan.

16 Retraitements de pré-consolidation

1. Retraitements évoqués par le règlement 99-02 du CRC
2. Retraitements permettant le passage des comptes établis conformément au PCG aux comptes établis en IFRS

PRINCIPES CLÉS

Les comptes sociaux des entités intégrées (société mère, filiales, coentreprises éventuellement) doivent être retraités en vue de les rendre homogènes. Ceci suppose que soit défini un plan comptable de consolidation fixant les règles et les méthodes d'évaluation et de classement au niveau des comptes consolidés.
Lorsque les comptes consolidés doivent être présentés en normes IFRS, les retraitements de pré-consolidation doivent inclure les retraitements des comptes sociaux établis conformément au PCG en comptes conformes aux IFRS.

1 Retraitements évoqués par le règlement 99-02 du CRC

Ces retraitements permettent d'établir, à partir de comptes sociaux établis en PCG, des comptes consolidés conformes au règlement 99-02 du CRC. Il y a lieu de distinguer les retraitements obligatoires et les retraitements facultatifs.

a. Retraitements obligatoires

- **Les provisions réglementées et subventions** : Le § 303 du règlement 99-02 du CRC précise que « afin de ne pas fausser l'image donnée par les comptes consolidés, il convient de procéder à l'élimination de l'incidence des écritures passées pour la seule application des législations fiscales du pays où se situe l'entreprise consolidée […] »(*voir fiche 18*).
- **L'impôt sur le résultat** : Le § 310 du règlement 99-02 du CRC précise que « tous les passifs d'impôts différés doivent être pris en compte, sauf exceptions prévues au paragraphe 313 ; en revanche, les actifs d'impôts différés ne sont portés à l'actif du bilan que si leur récupération est probable » ;
- **Les variations de comptes d'entreprises établissant leurs comptes en monnaies étrangères** (§ 320 du règlement 99-02 du CRC – *voir fiche 19*).

b. Retraitements facultatifs

Le § 300 du règlement 99-02 du CRC stipule que certaines méthodes sont considérées comme préférentielles pour l'établissement des comptes consolidés (pour l'article 121-5 du PCG « les méthodes préférentielles sont celles qui conduisent à une meilleure information par l'organisme normalisateur ») : sont considérées comme méthodes préférentielles par le règlement 99-02 :

- le provisionnement des **coûts des prestations de retraite** et prestations assimilées versées à la date du départ à la retraite ou ultérieurement au bénéfice du personnel ;
- la comptabilisation des **contrats de location financement** par le preneur au bilan sous forme d'une immobilisation corporelle et d'un emprunt correspondant (*voir fiche 17*) ;
- l'étalement sur la durée de vie de l'emprunt des **frais d'émission et des primes de remboursement** des emprunts ;
- l'enregistrement en résultat au cours de la période à laquelle ils se rapportent des **écarts de conversion** des actifs et passifs monétaires libellés en devises ;
- la comptabilisation selon la **méthode de l'avancement** des opérations partiellement achevées à la clôture de l'exercice.

2 Retraitements permettant le passage des comptes établis conformément au PCG aux comptes établis en IFRS

Ces retraitements sont particulièrement nombreux et concernent particulièrement les points suivants.

■ *Les instruments financiers*

La norme IFRS 9 « Instruments financiers », applicable depuis le 1er janvier 2018 distingue cinq catégories d'actifs et de passifs financiers (qui ne correspondent nullement aux catégories définies par le PCG) :

- les actifs financiers évalués au coût amorti ;
- les actifs financiers évalués à la juste valeur par le biais des autres éléments du résultat global ;
- les actifs financiers évalués à la juste valeur par le biais du résultat net ;
- les passifs financiers évalués au coût amorti ;
- les passifs financiers évalués à la juste valeur par le biais du résultat net.

Le coût amorti est le montant auquel est évalué l'actif ou le passif financier lors de sa comptabilisation initiale, diminué des remboursements en principal, majoré ou diminué de la différence entre les intérêts calculés par la méthode du taux d'intérêt effectif et les intérêts réellement encaissés ou décaissés, et diminué de toute réduction pour dépréciation ou irrécouvrabilité. Le taux d'intérêt effectif est le taux qui actualise exactement les décaissements ou encaissements de trésorerie futurs sur la durée de vie prévue de l'instrument financier.

Retraitements de pré-consolidation

À ces cinq catégories, il nous faut ajouter, pour être exhaustif, les participations dans des filiales, entités contrôlées conjointement ou entités associées (qui seront retraitées lors de la consolidation) et les actifs et passifs financiers utilisés comme instruments de couverture.

■ *Les immobilisations corporelles*

Deux divergences peuvent être constatées :
- l'option ouverte par l'article 213-8 du PCG de comptabiliser en charges dans les comptes individuels, les droits de mutation, honoraires ou commissions et frais d'actes, liés à l'acquisition (en normes IFRS, comme en comptes consolidés établis selon les normes françaises, ils doivent obligatoirement être rattachés au coût d'acquisition de l'immobilisation) ;
- la possibilité offerte par l'article 214-9 du PCG de constater sous forme de provisions les dépenses d'entretien faisant l'objet de programmes pluriannuels de gros entretien ou de grandes révisions qui, dans les normes IFRS, sont obligatoirement comptabilisées comme un composant de l'immobilisation.

■ *Les immobilisations incorporelles*

Plusieurs divergences peuvent subsister :
- des différences sur l'évaluation du coût d'entrée de l'immobilisation (droit de mutation comme pour les immobilisations corporelles, frais de personnel nécessaire pour mettre l'actif en état d'utilisation) ;
- l'activation optionnelle des frais de développement (article 212-3 al. 2 du PCG).

Par ailleurs, les normes IFRS ne reconnaissent pas comme immobilisations incorporelles les éléments classés par le PCG en frais d'établissement. Ceux-ci doivent être comptabilisés en charges et pour ce qui concerne les frais d'augmentation de capital en diminution des primes d'émission.

■ *La prise en compte du coût des emprunts*

La norme IAS 23 stipule que les coûts d'emprunts relatifs aux actifs dits « qualifiés » ou « éligibles », c'est-à-dire des actifs qui exigent une longue période de préparation avant de pouvoir être utilisés ou vendus (immobilisations et stocks notamment) pour les emprunts ont permis de financer ces actifs doivent être intégrés dans le coût de ces actifs. Le PCG permet aussi cette intégration (qui n'est pas obligatoire).
Des retraitements sont donc possibles, notamment si l'entité n'a pas intégré les coûts dans ses actifs.

■ *Les contrats de location*

Dans le PCG, conformément à l'article 212-5, « le titulaire d'un contrat de crédit-bail comptabilise en charges les sommes dues au titre de la période de location ».
Dans la norme IAS 17 (jusqu'au 31 décembre 2018) pour les contrats de location financement, puis dans la norme IFRS 16 (à compter du 1er janvier 2019), pour tous les

contrats de location à l'exception des contrats à court terme ou portant sur des biens de faible valeur, il convient chez le preneur :
- d'enregistrer les biens loués en immobilisations à l'actif du bilan ;
- de comptabiliser en contrepartie au passif la dette financière qui représente le crédit conventionnellement obtenu pour le financement de ce bien ou l'obligation de verser des paiements locatifs ;
- de traiter ces biens comme des immobilisations avec toutes les conséquences comptables que cela entraîne (*voir fiche 17*).

■ *Les avantages du personnel*

C'est en particulier lorsque les engagements de retraite (et avantages liés, comme les indemnités de fin de carrière) ne sont pas comptabilisés dans les comptes individuels des entités, qu'il faudra retraiter les engagements de retraite et assimilés pour les rendre conformes aux IFRS.

■ *Les paiements fondés sur des actions*

Dans le cas d'attributions de stock-options, dans le PCG, ce n'est qu'au moment de l'exercice de l'option qu'est comptabilisée une augmentation de capital, une attribution d'actions rachetées ou une remise de liquidités équivalente. Au contraire, l'application de la norme IFRS 2 implique, pour l'attribution de stocks-options, la comptabilisation d'une charge (de personnel) dès la date d'octroi. Cette charge est évaluée à la juste valeur de l'option attribuée.

■ *Les provisions, actifs et passifs éventuels*

Depuis le règlement CRC 2000-06 sur les passifs, le traitement comptable des provisions est convergent avec IAS 37. Quelques exceptions cependant subsistent et notamment les provisions pour gros entretiens ou grandes révisions qui ne sont pas admises en IFRS (voir ci-dessus).

■ *Des produits et des charges*

Produits des activités ordinaires, contrats de construction, produits et charges exceptionnels, etc.
Il existe une différence d'approche en ce qui concerne les principes généraux de reconnaissance des revenus entre les principes français et IFRS ce qui peut aboutir à une date de comptabilisation différente entre les deux référentiels.
IFRS 15 « Produits des activités ordinaires provenant de contrats avec les clients », applicable à compter du 1er janvier 2018, prévoit une approche générale pour tous les contrats. L'entité doit comptabiliser des produits lorsqu'une obligation de prestation est remplie, ou à fur et à mesure qu'elle est remplie (que ce soit une vente, une prestation de service, un contrat à long terme) par la fourniture au client d'un bien ou

d'un service promis c'est-à-dire en transférant un actif. Un actif est transféré lorsque le client obtient (ou à mesure qu'il obtient) le contrôle du bien ou du service. Alors que le référentiel français s'attache plutôt au transfert de propriété, IFRS 15 s'attache au contrôle. Des divergences peuvent ainsi être constatées, notamment pour des contrats à long terme comptabilisés selon le PCG selon la méthode de l'achèvement.
Les normes IFRS ne reconnaissent pas les produits et charges exceptionnels ; il est donc nécessaire de reclasser tous les comptes de charges et de produits exceptionnels dans les comptes de charges courantes et de produits courants.

Les provisions réglementées

Ces provisions doivent être éliminées dans le cadre du retraitement des normes IFRS comme dans celui du retraitement vers les normes françaises applicables aux comptes consolidés (règlement 99-02).

L'impôt sur le résultat

La norme IAS 12 « Impôt sur le résultat » impose de comptabiliser tous les actifs et passifs d'impôt différé. La comptabilisation des impôts différés selon les principes comptables généraux français n'est pas interdite, mais très rare en pratique dans les comptes individuels.

Les variations de cours des monnaies

L'article 420-5 du PCG précise que les différences de conversion sont inscrites à des comptes transitoires, en attente de régularisations ultérieures : comptes 476 « Différences de conversion – Actif » et (compte 477 « Différences de conversion passif ».
Les pertes de change latentes entraînent à due concurrence la constitution d'une provision pour risques, sous réserve des dispositions particulières permettant de limiter cette provision.
En IFRS, dans le cadre de la présentation d'une transaction en monnaie étrangère, celle-ci doit être enregistrée, lors de sa comptabilisation initiale dans la monnaie de présentation, en appliquant au montant en monnaie étrangère le cours du jour entre la monnaie de présentation et la monnaie étrangère à la date de la transaction. À chaque date de clôture, cependant :

- les éléments monétaires en monnaie étrangère doivent être convertis en utilisant le cours de clôture ;
- les éléments non monétaires en monnaie étrangère qui sont évalués au coût historique doivent être convertis en utilisant le cours de change à la date de la transaction ;
- les éléments non monétaires en monnaie étrangère qui sont évalués à la juste valeur doivent être convertis en utilisant les cours de change de la date à laquelle cette juste valeur a été déterminée.

Dans le cadre de l'utilisation d'une monnaie de présentation autre que la monnaie fonctionnelle, conformément à IAS 21, le résultat et la situation financière d'une entité dont la monnaie fonctionnelle n'est pas la monnaie d'une économie hyperinflationniste doivent être convertis en une autre monnaie de présentation, en utilisant les procédures suivantes :

(a) les actifs et les passifs de chaque bilan présenté doivent être convertis au cours de clôture à la date de chacun de ces bilans ;

(b) les produits et les charges de chaque compte de résultat doivent être convertis au cours de change en vigueur aux dates des transactions (en pratique, on peut retenir le cours moyen de l'exercice) ;

(c) tous les écarts de change en résultant doivent être comptabilisés en tant que composante distincte des capitaux propres.

En pratique, les comptes de capitaux propres (qui sont la résultante des actifs et passifs) sont maintenus au cours de change à la date de la comptabilisation initiale.

■ *D'autres retraitements*

Comme pour les changements de méthodes comptables, pour IAS 8, une erreur d'une période antérieure doit être corrigée par retraitement rétrospectif. Pour l'article 122-5 du PCG « les corrections résultant d'erreurs, d'omissions matérielles, d'interprétations erronées ou de l'adoption d'une méthode comptable non admise, sont comptabilisées dans le résultat de l'exercice en cours duquel elles sont constatées ». Il y a donc divergence entre méthode PCG et normes IFRS (dans lesquelles les retraitements d'erreurs sont effectués rétroactivement) et un retraitement est nécessaire.

Tous ces retraitements peuvent être réduits si l'entité, pour ses comptes sociaux, a retenu des options proches (qualifiées de préférentielles dans les règles comptables du PCG, comme la comptabilisation des provisions pour retraite) des IFRS.

Application

La société Alpha a conclu un contrat à long terme avec la société Bêta. Les travaux ont démarré en N–1 et ne seront terminés qu'en N+1. Elle comptabilise ses produits à l'achèvement. Les éléments suivants sont donnés :

- Valeur de négociation du contrat : 100 000 €
- Dépenses enregistrées en N–1 : 20 000 €
- Dépenses enregistrées en N : 48 000 €
- Dépenses prévues en N+1 : 12 000 €

Le coût global de ce contrat est estimé à 20 000 + 48 000 + 12 000 = 80 000 € et le résultat espéré est donc de 100 000 – 80 000 = 20 000 € à répartir sur N–1, N et N+1 dans le cadre d'un contrat comptabilisé à l'avancement.

- Quote-part imputable en N–1 : 20 000 / 80 000 = 25 %
- Quote-part imputable en N : 48 000 / 80 000 = 60 %
- Quote-part imputable en N+1 : 12 000 / 80 000 = 15 %

Présenter les écritures de retraitement permettant de passer de la méthode d'achèvement du PCG à la méthode à l'avancement des IFRS.

Corrigé

Pour l'établissement du bilan

Clients, factures à établir *100 000 × 85 % × 120 %*	102 000	
État, TVA sur factures à établir *100 000 × 85 % × 20 %*		17 000
Stock de produits *20 000 + 48 000*		68 000
Dettes d'impôt différé *20 000 × 85 % × 33 1/3 %*		5 667
Réserves Alpha *20 000 × 25 % × 66 2/3 %*		3 333
Résultat Alpha *20 000 × 60 % × 66 2/3 %*		8 000
Retraitement contrat à long terme		

Pour l'établissement du compte de résultat

Résultat	8 000	
Impôts sur les bénéfices	4 000	
Variation de stock de travaux en cours	48 000	
Travaux *100 000 × 60 %*		60 000
Retraitement contrat à long terme		

Retraitement des contrats de location 17

1 Définitions
2 Distinction entre contrat de location-financement et contrat de location simple
3 Calcul du taux d'actualisation d'un contrat de location-financement
4 Comptabilisation des contrats de location chez le preneur selon IAS 17
5 Comptabilisation des contrats de location chez le preneur selon IFRS 16
6 Comptabilisation chez le bailleur

PRINCIPES CLÉS

Selon le règlement relatif aux comptes consolidés, les contrats de location-financement devraient être comptabilisés :

– chez le preneur : au bilan sous forme d'une immobilisation corporelle et d'un emprunt correspondant ; au compte de résultat, sous forme d'une dotation aux amortissements et d'une charge financière ;
– chez le bailleur : sous forme de prêts, de façon symétrique à l'enregistrement chez le preneur.

Cette forme de comptabilisation est optionnelle et préférentielle.

Les autres contrats (contrats de location simple) sont constatés en charges.

Dans les normes internationales, IAS 17 qui distingue les contrats de location-financement et les contrats de location simple. Les contrats de location-financement sont toujours comptabilisés à l'actif du bilan du preneur. IFRS 16 qui remplace IAS 17 à compter du 1er janvier 2019 ne distingue plus qu'une seule catégorie de contrats, toujours comptabilisés à l'actif du bilan du preneur (à l'exception des contrats à court terme ou portant sur des biens de faible valeur).

Il n'y a pas de règles spécifiques pour distinguer un contrat de location-financement d'un autre contrat de location en normes françaises (encore que la désignation sur un plan de juridique de « contrat de crédit-bail » concerne généralement un contrat de location-financement).

1 Définitions

- **Contrat de location** : pour IAS 17, c'est un accord par lequel le bailleur cède au preneur, pour une période déterminée, le droit d'utilisation d'un actif en échange d'un paiement ou d'une série de paiements ; pour IFRS 16, c'est un contrat, ou une partie d'un contrat, qui confère le droit d'utiliser un actif (l'actif sous-jacent) pour une période de temps en échange d'une contrepartie.

- **Contrat de location-financement** : pour IAS 17, c'est un contrat de location ayant pour effet de transférer au preneur la quasi-totalité des risques et des avantages inhérents à la propriété d'un actif. Le transfert de propriété peut intervenir ou non, in fine.
- **Contrat de location simple** : pour IAS 17, il s'agit de tout contrat de location autre qu'un contrat de location-financement.

2 Distinction entre contrat de location-financement et contrat de location simple

Un contrat de location est classé en tant que contrat de location-financement s'il transfère au preneur la quasi-totalité des risques et des avantages inhérents à la propriété. Un contrat de location est classé en tant que contrat de location simple s'il ne transfère pas au preneur la quasi-totalité des risques et des avantages inhérents à la propriété.

3 Calcul du taux d'actualisation d'un contrat de location-financement

Ce taux est déterminé en fonction de la juste valeur de l'immobilisation en location-financement au début de la période de location, des redevances à verser et du prix d'achat résiduel fixé.

Exemple

Prenons le cas d'une immobilisation acquise grâce à un contrat de crédit-bail. Sa valeur d'origine est évaluée à 100 000 €.
Le contrat prévoit le versement d'une redevance (en début d'année) de 13 700 € durant 10 ans, le prix d'achat résiduel étant fixé à 9 860 €.
On peut écrire que :

$$100\,000 = 13\,700 \times \frac{1-(1+i)^{-10}}{i} \times (1+i) + 9\,860 \times (1+i)^{-10}$$

On trouvera un taux i de 9 %.

4 Comptabilisation des contrats de location chez le preneur selon IAS 17

Pour un contrat de location financement :
- au début de la période de location, le preneur doit comptabiliser les contrats de location-financement à l'actif et au passif de leur bilan pour des montants égaux à la juste valeur du bien loué ou, si celle-ci est inférieure, à la valeur actualisée des paiements minimaux au titre de la location ;
- pour chaque période comptable, les paiements au titre de la location doivent être ventilés entre la charge financière et l'amortissement du solde de la dette. Une charge d'amortissement de l'actif amortissable est par ailleurs constatée.

Modèle d'écritures comptables

Pour l'établissement du bilan

• Constatation initiale de l'immobilisation à l'actif :

D. Immobilisations
C. Emprunts (dettes de location-financement)

• Constatation des amortissements de l'immobilisation :

D. Résultat (pour les amortissements nets d'impôt de l'exercice)
D. Réserves (pour les amortissements nets d'impôts des exercices précédents)
D. Impôts différés
C. Amortissements des immobilisations

• Répartition des redevances entre charges financières et les remboursements d'emprunts :

D. Résultat (pour les charges financières nettes d'impôt de l'exercice)
D. Réserves (pour les charges financières nettes d'impôt des exercices précédents)
D. Impôts différés (sur les charges financières)
D. Emprunts (dettes de location-financement)
C. Résultat (pour les redevances ventilées nettes d'impôt de l'exercice)
C. Réserves (pour les redevances ventilées nettes d'impôt des exercices précédents)
C. Impôts différés (sur les redevances ventilées)

Pour l'établissement du compte de résultat

• Constatation des amortissements de l'immobilisation :

D. Dotations aux amortissements des immobilisations
C. Impôts sur les bénéfices
C. Résultat (pour les amortissements nets d'impôt de l'exercice)

• Répartition des redevances entre charges financières et les remboursements d'emprunts :

D. Charges financières
D. Impôts sur les bénéfices (sur les redevances ventilées)
D. Résultat (pour les redevances ventilées nettes d'impôt de l'exercice)
C. Redevances de crédit-bail (sur les redevances ventilées)
C. Impôts sur les bénéfices (sur les charges financières)
C. Résultat (pour les charges financières nettes d'impôt de l'exercice)
C. Impôts différés (sur les redevances ventilées)

Les paiements au titre de contrats de location simple doivent être constatés en charges pendant toute la durée du contrat.

5 Comptabilisation des contrats de location selon IFRS 16

À la date de mise à disposition du bien par le bailleur, le preneur comptabilise à son actif le droit d'utiliser le bien loué et au passif une obligation de verser des paiements locatifs.

Ultérieurement, il comptabilise en résultat :
- la charge financière provenant de la dette de loyers ;
- l'amortissement du droit d'utilisation.

6 Comptabilisation chez le bailleur

Les contrats de location-financement sont présentés comme des créances alors que les contrats de location simple figurent au bilan selon la nature de l'actif.

Application

La société Germain a pris, le 1er avril N–1, en location-financement un matériel industriel évalué à 800 000 €.
La redevance trimestrielle, payable chaque début de trimestre, est fixée à 30 000 €. La dernière redevance sera versée le 1er janvier N+9.
Le 1er avril N+9, la société Germain pourra devenir propriétaire en versant un prix d'achat résiduel de 75 000 €.
Le matériel est amortissable en 12 ans, la valeur résiduelle étant estimée à 50 000 €.

1. Calculer le taux implicite du contrat de location (taux d'actualisation).
2. Présenter un tableau pour les années N–1 et N permettant de suivre la répartition de la redevance entre la charge financière et l'amortissement de la dette.
3. Présenter au 31 décembre N les écritures de retraitement pour l'établissement du bilan et du compte de résultat consolidés.

Corrigé

1. Calcul du taux implicite du contrat de location

Ce taux est un taux trimestriel.
On peut écrire que :

$$800\,000 = 30\,000 \times \frac{1-(1+i)^{-40}}{i} \times (1+i) + 75\,000 \times (1+i)^{-40}$$

Le taux est de 2,5 %.

2. Tableau permettant de suivre la répartition de la redevance

Dates	Intérêt	Amortissement dette	Reste à rembourser
01.04.N–1		30 000	770 000
01.07.N–1	19 250	10 750	759 250
01.10.N–1	18 981	11 019	748 231
01.01.N	18 706	11 294	736 937
01.04.N	18 423	11 577	725 360
01.07.N	18 134	11 866	713 494
01.10.N	17 837	12 163	701 331
01.01.N+1	17 533		
Totaux	128 864	98 669	

Le total des intérêts se décompose en :
– intérêts N–1 : 19 250 + 18 981 + 18 706 = 56 937 ;
– intérêts N : 18 423 + 18 134 + 17 837 + 17 533 = 71 927.

3. Écritures comptables

Pour l'établissement du bilan

Matériels et outillages industriels	800 000	
Emprunts (dettes de location-financement)		800 000
Inscription de l'immobilisation en crédit-bail à l'actif		
Résultat Germain *(800 000 – 50 000) × 1/12 × 66 2/3 %*	41 667	
Réserves Germain *(800 000 – 50 000) × 1/12 × 0,75 × 66 2/3 %*	31 250	
Impôts différés *(800 000 – 50 000) × 1/12 × 1,75 × 33 1/3 %*	36 458	
Amortissements matériels et outillages industriels *(800 000 – 50 000) × 1/12 × 1,75*		109 375
Retraitement amortissements		
Résultat Germain *71 927 × 66 2/3 %*	47 951	
Réserves Germain *56 937 × 66 2/3 %*	37 958	
Impôts différés *128 864 × 33 1/3 %*	42 955	
Emprunts (dettes de location financement)	98 669	
Résultat Germain *30 000 × 4 × 66 2/3 %*		80 000
Réserves Germain *30 000 × 3 × 66 2/3 %*		60 000
Impôts différés *30 000 × 7 × 33 1/3 %*		70 000
Intérêts courus		17 533
Retraitement redevances		

Pour l'établissement du compte de résultat

Dotations aux amortissements des immobilisations *(800 000 – 50 000) × 1/12*	62 500	
Impôts sur les bénéfices		20 833
Résultat		41 667
Retraitement amortissements		
Charges financières	71 927	
Impôt sur les bénéfices *(120 000 – 71 927) × 33 1/3 %*	16 024	
Résultat *80 000 – 47 951*	32 049	
Redevances de crédit-bail mobilier *30 000 × 4*		120 000
Retraitement redevance		

18 Retraitement des provisions réglementées

1 Types de provisions réglementées
2 Retraitements à effectuer

PRINCIPES CLÉS

- Les provisions réglementées sont des « provisions ne correspondant pas à l'objet normal d'une provision et comptabilisées en application de dispositions légales ».
- Ces provisions n'ont pas un caractère économique bien prononcé et sont dans les comptes individuels une entorse au principe de prééminence de la réalité financière sur l'apparence juridique. Aussi, elles doivent être éliminées dans le cadre du retraitement vers les normes IFRS, comme dans le cadre du retraitement vers les normes françaises applicables aux comptes consolidés (règlement 99-02).

1 Types de provisions réglementées

On distingue les provisions réglementées proprement dites (provisions relatives aux immobilisations, aux stocks, à d'autres éléments d'actif) et les provisions assimilées à des provisions réglementées (amortissements dérogatoires, provision spéciale de réévaluation, plus-values réinvesties).

2 Retraitements à effectuer

L'élimination des provisions réglementées s'effectue selon le processus suivant :

Pour l'établissement du bilan

D. Provisions réglementées
C. Dettes d'impôt différé
C. Réserves (pour la quote-part des provisions à la fin de l'exercice précédent nettes d'impôt)
C ou D. Résultat (pour les dotations et reprises effectuées au cours de l'exercice nettes d'impôt)

Pour l'établissement du compte de résultat

D. Impôt sur les bénéfices D. Reprises sur provisions réglementées D. Résultat (cas de dotations supérieures aux reprises) ou C. Résultat (cas de dotations inférieures aux reprises) C. Dotations aux provisions réglementées

Application

Vous êtes appelé(e) à effectuer le retraitement des comptes sociaux des sociétés du groupe Auguste.
Ce groupe comprend quatre sociétés, la société mère Auguste, la société Benoît, intégrée globalement, la société Charles, intégrée proportionnellement à 50 %, et la société Daniel mise en équivalence.
Les comptes d'amortissements dérogatoires de ces sociétés au 31 décembre N sont analysés dans le tableau suivant :

Comptes de provisions réglementées des sociétés du groupe Auguste au 31 décembre N

Provisions réglementées \ Sociétés	Société Auguste	Société Benoît	Société Charles	Société Daniel
Amortissements dérogatoires	30 000	54 000	42 000	24 000
Dotations de l'exercice	12 000	42 000	24 000	18 000
Reprises de l'exercice	24 000	30 000	18 000	12 000

Le taux de l'impôt sur les bénéfices est de 33 1/3 %.

Présenter au 31 décembre N les écritures de redressement nécessaires dans le cadre de la consolidation (écritures nécessaires pour l'établissement du bilan et du compte de résultat).

Corrigé

Certaines des sociétés du groupe n'étant pas intégrées globalement, se pose le problème du moment où ces écritures seront passées.
Si ces écritures sont passées avant les écritures de cumul, lors de retraitement d'homogénéité, il faut pour chacune des sociétés effectuer le retraitement sur la totalité des montants.
Si, par contre, ces écritures sont passées après les écritures de cumul, il y a aura lieu de ne reprendre que 50 % des provisions réglementées de la société Charles (intégrée proportionnellement) et de ne pas reprendre en écritures les montants des provisions réglementées de la société Daniel (qui n'est pas intégrée mais simplement mise en équivalence).
Dans la solution présentée ci-dessous, nous présenterons les écritures établies selon la seconde hypothèse.

Écritures pour l'établissement du bilan

Amortissements dérogatoires	30 000	
Résultat Auguste *(24 000 – 12 000) × 66 2/3 %*	8 000	
Dettes d'impôt différé *(15 000 + 30 000) × 33 1/3 %*		10 000
Réserves Auguste		28 000
(30 000 + 24 000 – 12 000) × 66 2/3 %		
Retraitement provisions réglementées Auguste		
Amortissements dérogatoires	54 000	
Dettes d'impôt différé *(54 000) × 33 1/3 %*		18 000
Réserves Benoît		28 000
(54 000 + 30 000 – 42 000) × 66 2/3 %		
Résultat Auguste *(42 000 – 30 000) × 66 2/3 %*		8 000
Retraitement provisions réglementées Benoît		
Amortissements dérogatoires *42 000 × 50 %*	21 000	
Dettes d'impôt différé		7 000
42 000 × 50 % × 33 1/3 %		
Réserves Charles *(42 000 + 18 000 – 24 000) × 66 2/3 % × 50 %*		12 000
Résultat Charles *(24 000 – 18 000) × 66 2/3 % × 50 %*		2 000
Retraitement provisions réglementées Charles (à 50 %)		

Écritures pour l'établissement du compte de résultat

Reprises sur provisions réglementées	24 000	
Dotations aux provisions réglementées		12 000
Impôts sur les bénéfices		4 000
(24 000 – 12 000) × 33 1/3 %		
Résultat		8 000
Retraitement provisions réglementées Auguste		
Reprises sur provisions réglementées	30 000	
Impôts sur les bénéfices *(42 000 – 30 000) × 33 1/3 %*	4 000	
Résultat	8 000	
Dotations aux provisions réglementées		42 000
Retraitement provisions réglementées Benoît		
Reprises sur provisions réglementées *18 000 × 50 %*	9 000	
Impôts sur les bénéfices *(24 000 – 18 000) × 33 1/3 % × 50 %*	1 000	
Résultat	2 000	
Dotations aux provisions réglementées *24 000 × 50 %*		12 000
Retraitement provisions réglementées Charles		

Retraitement des comptes des entités étrangères 19

1 Méthodes de retraitement
2 Cas spécifique des monnaies à forte inflation

PRINCIPES CLÉS

Les comptes des entités étrangères doivent être retraités en monnaie de présentation des comptes consolidés.

1 Méthodes de retraitement

- Le règlement 99-02 du CRC sur les comptes consolidés distingue :
  - la méthode du cours historique ;
  - la méthode du cours de clôture.
- La norme IAS 21 distingue :
  - la présentation des transactions en monnaie étrangère dans la monnaie fonctionnelle ;
  - l'utilisation d'une monnaie de présentation autre que la monnaie fonctionnelle.
- On appelle monnaie fonctionnelle (IAS 21) « la monnaie de l'environnement économique principal dans lequel opère l'entité » et la monnaie de présentation « la monnaie utilisée pour la présentation des états financiers ».
- En pratique (à part celles du vocabulaire), il n'y a pas de divergences entre normes françaises et normes IFRS.

	Entités ayant une autonomie économique et financière (filiale autonome)	Entités n'ayant pas une autonomie économique et financière (filiale non autonome)
Méthode règlement 99-02	Cours de clôture	Cours historique
Méthode IAS 21	Utilisation d'une monnaie de présentation autre que la monnaie fonctionnelle	Présentation des transactions en monnaie étrangère dans la monnaie fonctionnelle

•••

Conversions monétaires – capitaux propres – résultat (et compte de résultat) – autres postes	 Taux historique Taux moyen Taux de clôture	 Taux historique Taux historique (en principe) ou taux moyen (sauf amortissements et dépréciations sur des éléments convertis au cours historique) Taux historique (à l'exception des éléments monétaires, ou des éléments ramenés à leur actuelle par le biais d'une dépréciation, convertis au taux de clôture)
Affectations des écarts de conversion – écart sur situation nette d'ouverture – écart sur résultat	 Capitaux propres Néant	 Résultat Résultat

2 Cas spécifique des monnaies à forte inflation

Dans le cas d'entités dont la monnaie est celle d'une économie hyperinflationniste, les états financiers des dites entités doivent être libellés dans l'unité de mesure qui a cours à la date de clôture. Tous les montants (actifs, passifs, éléments de capitaux propres, charges et produits, y compris ceux fournis à titre comparatifs) seront ensuite convertis dans la monnaie de présentation au cours de clôture à la date du dernier bilan.

Application

La société Prosper a une participation de 70 % dans une société américaine, la société Kevin. Elle doit consolider celle-ci par intégration globale. Le bilan et le compte de résultat de la société Kevin (établis en k$) sont les suivants :

Bilan au 31 décembre N (en k$)

Immobilisations (a)	5 000	1 000	4 000	Capital (b)	3 000
Stocks	1 000	200	800	Réserves (c)	600
Créances	2 000		2 000	Résultat	400
Disponibilités			200	Dettes	3 000
Totaux			7 000	Totaux	7 000

(a) Acquises le 1er juillet N–2.

(b) Participation de Prosper souscrite au moment de la constitution le 1er janvier N–2.

(c) Résultats N–2 (200) et N–1 (400).

Compte de résultat exercice N (en k$)

Achats	4 000	Produits	6 900
Variation de stocks	–100		
Autres charges	2 000		
Dotations aux amortissements	400		
Dotations aux dépréciations des stocks	200		
Résultat net	400		
Totaux	6 900	Totaux	6 900

Le cours du dollar a varié depuis N–2 de la manière suivante (en $ pour 1 €) :
- 1er janvier N–2 : 1,20
- 1er juillet N–2 : 1,25
- 31 décembre N–2 : 1,28
- 31 décembre N–1 : 1,32
- 31 décembre N : 1,40

Les cours moyens de chaque exercice sont estimés à :
- N–2 : 1,24
- N–1 : 1,30
- N : 1,36

Présenter au 31 décembre N les écritures de retraitement (bilan et compte de résultat) :
– selon la méthode du cours de clôture ;
– selon la méthode du cours historique.

On considèrera (par mesure de simplification) que les réserves déterminées selon le cours historique sont égales aux réserves déterminées selon le cours de clôture (ce qui n'est pas toujours vrai).

Corrigé

1. Méthode du cours de clôture

Pour l'établissement du bilan

Immobilisations *5 000 / 1,40*	3 571	
Stocks *1 000 / 1,40*	714	
Créances *2 000 / 1,40*	1 429	
Liquidités *200 / 1,40*	143	
Écart de conversion *(par différence)*	406	
Capital *3 000 / 1,20*		2 500
Réserves *200 / 1,24 + 400 / 1,30*		469
Résultat *400 / 1,36*		294
Amortissements *1 000 / 1,40*		714
Dépréciation des stocks *200 / 1,40*		143
Dettes *3 000 / 1,40*		2 143
Conversion postes du bilan société Kevin		

Pour l'établissement du compte de résultat

Achats *4 000 / 1,36*	2 941	
Autres charges *2 000 / 1,36*	1 471	
Dotations aux amortissements *400 / 1,36*	294	
Dotations aux dépréciations des stocks *200 / 1,36*	147	
Résultat	294	
Variation de stocks *100 / 1,36*		74
Produits *6 900 / 1,36*		5 073
Conversion postes du compte de résultat société Kevin		

2. Méthode du cours historique

Pour l'établissement du bilan

Immobilisations *5 000 / 1,25*	4 000	
Stocks *1 000 / 1,40 (ramenés à leur valeur actuelle)*	714	
Créances *2 000 / 1,40*	1 429	
Liquidités *200 / 1,40*	143	
Capital *3 000 / 1,20*		2 500
Réserves *200 / 1,24 + 400 / 1,30*		469
Résultat *(par différence)*		231
Amortissements *1 000 / 1,25*		800
Dépréciation des stocks *200 / 1,40*		143
Dettes *3 000 / 1,40*		2 143
Conversion postes du bilan société Kevin		

Pour l'établissement du compte de résultat

Achats *4 000 / 1,36*	2 941	
Autres charges *2 000 / 1,36*	1 471	
Dotations aux amortissements *400 / 1,25*	320	
Dotations aux dépréciations des stocks *200 / 1,40*	144	
Écart de conversion	9	
Résultat	231	
Variation de stocks 1 000 / 1,36 – 900 (stock initial) / 1,30		43
Produits *6 900 / 1,36*		5 073
Conversion postes du compte de résultat société Kevin		

Élimination des comptes réciproques et des résultats internes 20

1 Opérations réciproques n'affectant pas les résultats consolidés
2 Opérations réciproques affectant les résultats (et/ou les réserves) consolidés
3 Cas des entités mises en équivalence

PRINCIPES CLÉS

Les comptes consolidés visant à donner une image de l'activité et de la situation de l'entité économique que forment les diverses entités retenues dans le périmètre de consolidation, il convient de ne retenir que :

- les seuls comptes exprimant un actif ou un passif à l'égard des tiers étrangers à celle seule entité ;
- les seules transactions réalisées avec ces tiers ;
- les seuls résultats provenant d'opérations réalisées avec ces tiers.

Il convient donc d'éliminer les opérations entre entreprises consolidées qui ont une incidence significative sur leur bilan et le compte de résultat.

1 Opérations réciproques n'affectant pas les résultats consolidés

a. Comptes réciproques d'actif et de passif entre entités intégrées

Sont notamment concernés :
- les créances / dettes ;
- les prêts / emprunts ;
- les clients / fournisseurs ;
- les autres débiteurs / autres créditeurs ;
- les comptes courants ;
- les effets à recevoir / effets à payer.

Le montant à éliminer est fonction de la méthode de consolidation utilisée.

Modèle d'écriture comptable

D. Compte de dettes (entité A) C. Compte de créances (entité B)

b. Comptes réciproques de produits et de charges entre entités intégrées

Sont notamment concernés :

- les achats / ventes de biens stockables ;
- les prestations de services ;
- les intérêts ;
- les subventions d'exploitation.

Comme pour les comptes réciproques d'actif et de passif (voir ci-dessus), le montant à éliminer est fonction de la méthode de consolidation utilisée.

Modèle d'écriture comptable

D. Compte de produits (entité A) C. Compte de charges (entité B)

2 Opérations réciproques affectant les résultats (et/ou les réserves) consolidés

a. Cessions internes de stocks

Lorsqu'une entreprise intégrée vend à une autre entreprise intégrée des produits (ou des marchandises), elle réalise un bénéfice (généralement) interne sur la cession de ces produits. Ce bénéfice vient cependant en diminution du résultat réalisé par la seconde entreprise lorsque celle-ci revend (après éventuellement transformation) le produit à l'extérieur, si bien que le total des bénéfices réalisés par ces deux entreprises est indifférent quel que le prix de cession interne.

Lorsque la seconde entreprise n'a pas revendu le produit, les comptes cumulés dégagent sur le stock un résultat interne qu'il faut régulariser. On tiendra compte d'un impôt payé d'avance sur ce résultat interne.

Modèle d'écritures comptables

Pour l'établissement du bilan :

D. Résultat (pour l'exercice pour la variation nette d'impôt de la marge sur stock)
D. Réserves (pour les exercices précédents pour la variation nette d'impôt de la marge sur stock)
D. Créance d'impôt différé
C. Stocks (pour la marge sur stock)

Pour l'établissement du compte de résultat :

D. Variation de stock
C. Impôt sur les bénéfices
C. Résultat

b. Cessions internes d'immobilisations

Lorsqu'une société intégrée vend à une autre société intégrée une immobilisation, elle réalise (généralement) une plus-value de cession qu'on peut qualifier d'interne (et qui sera imposée). La société acquéreuse peut cependant constater un amortissement plus important (si l'immobilisation est amortissable).
Les plus-values dégagées sur des immobilisations cédées à l'intérieur du groupe ainsi que les suppléments d'amortissements constatés doivent être annulés.

Modèle d'écritures comptables

a) Pour la cession

Pour l'établissement du bilan :

D. Résultat ou Réserves (selon que la cession a été effectuée dans l'exercice ou au cours d'exercices précédents pour la plus-value nette d'impôt)
D. Créance d'impôt différé
C. Immobilisations

Pour l'établissement du compte de résultat :

D. Produits des cessions d'éléments d'actif
C. Valeur comptable des éléments d'actifs cédés
C. Impôt sur les bénéfices
C. Résultat

b) Pour les suppléments d'amortissements

Pour l'établissement du bilan :

D. Immobilisations (pour le supplément global constaté)
C. Réserves (pour le supplément d'amortissement net d'impôt des exercices précédents)
C. Résultat (pour le supplément d'amortissement net d'impôt de l'exercice)
C. Dette d'impôt différé

Pour l'établissement du compte de résultat :

D. Impôts sur les bénéfices
D. Résultat
C. Dotations aux amortissements des immobilisations

c. Dividendes internes

Les dividendes de la filiale touchés par la société mère sont en fait des résultats d'exercices précédents qui doivent être considérés comme des réserves : il est nécessaire de les virer à ce compte.
Les dividendes n'étant pas imposés (régime des sociétés mères et des filiales), il n'y a pas lieu en général de tenir compte d'une fiscalité incidente.

Modèle d'écritures comptables

Pour l'établissement du bilan :

D. Résultat (entité ayant reçu le dividende)
C. Réserves (entité ayant reçu le dividende)

Pour l'établissement du compte de résultat :

D. Produits financiers
C. Résultat

d. Titres d'autocontrôle

Lorsque des actions ou des droits de vote d'une société sont possédés par une ou plusieurs sociétés dont elle détient directement ou indirectement le contrôle, il y a autocontrôle et (dans le droit français notamment – article L. 233-31 du Code de commerce) les droits de vote attachés à ces actions ou ces droits de vote ne peuvent être exercés à l'assemblée générale de la société. Dans le cadre de la présentation des comptes consolidés, ces titres doivent être annulés.

Modèle d'écriture comptable

D. Capital
D. Réserves
C. Titres de participation

3 Cas des entités mises en équivalence

Dans le cadre d'entités mises en équivalence, pour les opérations n'ayant aucune incidence sur les résultats, les comptes d'actif et de passif et les comptes de produits et charges réciproques ne doivent pas être retraités, puisque les comptes correspondants des entités mises en équivalence ne sont pas intégrés. Par contre (règlement 99-02 § 293), « les résultats internes compris dans les stocks, les immobilisations et autres actifs provenant d'opérations réalisées entre les entreprises dont les titres sont mis en équivalence et les entreprises dont les comptes sont intégrés globalement ou proportionnellement, voire entre entreprises sous influence notable doivent être éliminés ». Ces ajustements sont également spécifiés dans la norme IAS 28.

Application

La société Aline possède au 31 décembre N 80 % du capital de la société Blandine, 60 % de la société Christine et 30 % de la société Denise.
Les sociétés Aline, Blandine, Christine et Denise ont distribué respectivement en N : 5 000 000 €, 1 500 000 €, 800 000 € et 1 000 000 € de dividendes.
En N, la société Aline a vendu à la société Blandine 5 000 000 € HT de produits (dont 1 000 000 € TTC restent à régler le 31 décembre). La marge moyenne réalisée est de 20 %. Au 31 décembre N, il reste en stock 840 000 € de ces produits chez Blandine, il en restait 570 000 € au 31 décembre N–1.
La société Aline a prêté 2 000 000 € remboursables en bloc en N+5 le 1er juillet N à la société Christine (taux d'intérêt 6 % payable chaque année).
Le 1er avril N–1, la société Blandine a vendu à la Société Aline un ensemble immobilier acquis le 1er avril N–6 pour 1 000 000 € (dont 200 000 € pour le terrain) et amortissable en 20 ans (valeur résiduelle de la construction 400 000 €). Le prix a été fixé à 1 200 000 € (dont 260 000 € pour le terrain), l'amortissement devant se terminer le 1er avril N+14.

Présenter à la date du 31 décembre N dans le journal de consolidation de la société Aline les écritures qui vous semblent nécessaires (on tiendra compte d'un impôt différé calculé au taux de 33 1/3 %).

Corrigé

1. Écritures pour l'établissement du bilan consolidé

	Débit	Crédit
Résultat Aline	1 980 000	
Réserves Aline		1 980 000
Dividendes du groupe reçus par Aline		
1 500 000 × 80 % + 800 000 × 60 % + 1 000 000 × 30 %		
Impôts différés *168 000 × 33 1/3 %*	56 000	
Réserves Aline *570 000 × 20 % × 66 2/3 %*	76 000	
Résultat Aline *(840 000 – 570 000) × 20 % × 66 2/3 %*	36 000	
Stocks *840 000 × 20 %*		168 000
Retraitement des stocks		
Fournisseurs	1 000 000	
Clients		1 000 000
Dettes et créances réciproques		
Emprunts	2 000 000	
Intérêts courus sur emprunts *2 000 000 × 6 % × 6/12*	60 000	
Prêts		2 000 000
Intérêts courus sur prêts		60 000
Emprunts et prêts réciproques (et intérêts courus)		

	Débit	Crédit
Réserves Blandine *(60 000 + 240 000) × 66 2/3 %*	200 000	
Impôts différés *(60 000 + 240 000) × 33 1/3 %*	100 000	
Terrains *260 000 – 200 000*		60 000
Constructions		
940 000 – [800 000 – (800 000 – 400 000) × 5 % × 5]		240 000
Annulation plus-value sur cessions		
Constructions (ou amortissements constructions) *16 000 × 1,75*	28 000	
Réserves Aline *16 000 × 0,75 × 66 2/3 %*		8 000
Résultat Aline *16 000 × 66 2/3 %*		10 667
Impôts différés *28 000 × 33 1/3 %*		9 333
Retraitement des amortissements		
Amortissement nouveau : (940 000 – 400 000) / 15 = 36 000		
Amortissement ancien (800 000 – 400 000) / 20 = 20 000		
36 000 – 20 000 = 16 000		

2. Écritures pour l'établissement du compte de résultat consolidé.

Produits financiers	1 980 000	
Résultat		1 980 000
Dividendes du groupe reçus par Aline		
Variation de stocks *(840 000 – 570 000) × 20 %*	54 000	
Impôt sur les bénéfices *54 000 × 33 1/3 %*		18 000
Résultat		36 000
Retraitement des stocks		
Ventes	5 000 000	
Achats		5 000 000
Ventes et achats réciproques		
Produits financiers	120 000	
Charges financières		120 000
Produits et charges réciproques sur emprunt 2 000 000 × 6 %		
Résultat	10 667	
Impôt sur les bénéfices *16 000 × 33 1/3 %*	5 333	
Dotations aux amortissements		16 000
Retraitement des amortissements		

21 Écarts d'évaluation

1 Normes françaises (réglement 99-02 CRC)
2 Normes IFRS

PRINCIPES CLÉS

Lors d'une entrée dans un groupe, les actifs et passifs identifiables doivent être inscrits à leur valeur d'entrée déterminée en fonction de l'usage prévu par l'entreprise consolidante.
On appelle « écarts d'évaluation » (règlement 99-02 du CRC sur les comptes consolidés § 211) « la différence entre la valeur d'entrée dans le bilan consolidé et la valeur comptable du même élément dans l'entreprise contrôlée ».

1 Normes françaises (règlement 99-02 CRC)

En vue de procéder à leur évaluation les actifs sont classés en deux catégories :
- les biens non destinés à l'exploitation ;
- les biens destinés à l'exploitation.

Les biens non destinés à l'exploitation, c'est-à-dire les actifs destinés à être revendus à brève échéance ou les actifs non nécessaires à l'exploitation, sont évalués à leur valeur de marché à la date d'acquisition ou, en l'absence de marché, à leur valeur vénale nette des coûts de sortie.
Les biens destinés à l'exploitation sont évalués à leur valeur d'utilité pour l'entreprise consolidante. Celle-ci correspond au prix qu'elle aurait accepté de payer si elle avait acquis ces éléments séparément, compte tenu de l'usage qu'elle compte en faire.
Les dettes et créances d'impôts différés attachées aux écarts d'évaluation doivent être pris en compte (à l'exception des passifs d'impôts différés provenant de la comptabilisation des écarts d'évaluation portant sur des actifs incorporels généralement non amortis ne pouvant être cédés séparément de l'entreprise acquise).
Les droits des minoritaires sont calculés sur la base de l'actif net réévalué de l'entreprise acquise.

2 Normes IFRS

- La norme IFRS 3 (§ 18) précise que l'acquéreur doit évaluer les actifs identifiables acquis et les passifs repris à leur juste valeur à la date d'acquisition.
- L'application de ce principe peut aboutir à la comptabilisation de certains actifs et passifs que l'entreprise acquise n'avait pas précédemment comptabilisés en tant qu'actifs et passifs dans ses états financiers. C'est le cas, par exemple, des marques ou des brevets développés en interne. Ainsi, les contrats de location simple doivent être constatés en immobilisation incorporelle si les modalités du contrat sont favorables par comparaison aux conditions de marché et en passif si les termes sont défavorables. Les passifs éventuels repris à l'occasion d'un regroupement d'entreprises doivent être comptabilisés comme un passif s'il s'agit d'une obligation actuelle découlant d'événements passés et si sa juste valeur peut être évaluée de manière fiable. Les actifs destinés à être cédés doivent être évalués selon IFRS 5 à leur juste valeur diminuée des coûts de la vente.

Application

La société Émile a pris le contrôle le 1er janvier N–3 de la société Henriette, en faisant l'acquisition de 80 % du capital de cette dernière.
La situation nette de cette société était alors de 1 800 000 €.
Il y a lieu de tenir compte des valeurs suivantes au 1er janvier N–3 :

Éléments d'actif identifiables	Valeurs comptables	Valeurs d'utilité (juste valeur)	Durée d'amortissement
Frais de développement	30 000	45 000	5 ans
Brevets	100 000	136 000	10 ans
Terrains d'exploitation	120 000	153 000	
Constructions d'exploitation	600 000	750 000	20 ans
Terrains hors exploitation	80 000	100 000	
Constructions hors exploitation	200 000	250 000	20 ans
Autres immobilisations corporelles	500 000	530 000	10 ans
Créances à long terme	100 000	À déterminer	
Stocks	170 000	194 000	

Les terrains et constructions hors exploitation sont destinés à être vendus. Les frais de vente sur ces immobilisations sont estimés à 5 % du prix de vente. Au 31 décembre N, la vente n'a toujours pas été effectuée et les valeurs vénales sont semblables à celles au 1er janvier N–3. Les créances à long terme sont relatives à un prêt au personnel effectué le 1er janvier N–4 remboursable en bloc au bout de six ans. Taux d'intérêt 2 % (alors que le taux de marché est de 6 %).

D'autre part, un contrat de location financement a été pris sur un ensemble immobilier le 1er janvier N–4 pour une durée de 9 ans. Le loyer est de 10 000 € par an, constatés en charges. La valeur de l'immeuble est estimée au 1er janvier N–3 à 300 000 €. Elle est estimée au 1er janvier N+4 à 280 000 €. Le taux d'actualisation à prendre en compte est également de 6 %.
Enfin, il doit être tenu compte de passifs éventuels estimés au 1er janvier N–3 à 90 000 €.

Analyser les écarts d'évaluation à constater lors de la consolidation des comptes de la société Henriette et présenter les écritures comptables au 31 décembre N (normes IFRS).

Corrigé

1. Analyse préalable

- Justes valeurs diminuées des coûts de vente des éléments hors exploitation :

– terrains : 100 000 – 100 000 × 5 % = 95 000
– constructions : 250 000 – 250 000 × 5 % = 237 500

- Valeur de la créance à long terme :

– au 1er janvier N–3 : $100\,000 \times 2\,\% \times \frac{1 - 1{,}06^{-5}}{0{,}06} + 100\,000 \times 1{,}06^{-5} = 83\,151$

– au 1er janvier N : $100\,000 \times 2\,\% \times \frac{1 - 1{,}06^{-2}}{0{,}06} + 100\,000 \times 1{,}06^{-2} = 92\,666$

– au 31 décembre N : $100\,000 \times 2\,\% \times \frac{1 - 1{,}06^{-1}}{0{,}06} + 100\,000 \times 1{,}06^{-1} = 96\,226$

- Valeur du contrat de location financement :

– au 1er janvier N–4 : $300\,000 - 280\,000 \times 1{,}06^{-9} - 10\,000 \times \frac{1 - 1{,}06^{-9}}{0{,}06} = 66\,252$

– au 1er janvier N–3 : 66 252 × 8/9 = 58 891

- Tableau de synthèse des écarts d'évaluation au 1er janvier N–3 :

Éléments d'actif identifiables	Valeurs comptables	Valeurs retenues	Écarts d'évaluation
Frais de développement	30 000	45 000	15 000
Brevets	100 000	136 000	36 000
Terrains d'exploitation	120 000	153 000	33 000
Constructions d'exploitation	600 000	750 000	150 000
Terrains hors exploitation	80 000	95 000	15 000
Constructions hors exploitation	200 000	237 500	37 500
Autres immobilisations corporelles	500 000	530 000	30 000
Location financement	0	58 891	58 891
Créances à long terme	100 000	83 151	– 16 849
Stocks	170 000	194 000	24 000
Passifs éventuels		– 90 000	– 90 000
Totaux			292 542

Les impôts différés sur ces écarts d'évaluation sont de 292 542 × 33 1/3 % = 97 514.

2. Écritures comptables

Pour l'établissement du bilan

Frais de développement	15 000	
Brevets	36 000	
Terrains d'exploitation	33 000	
Constructions d'exploitation	150 000	
Terrains hors exploitation	15 000	
Constructions hors exploitation	37 500	
Autres immobilisations corporelles	30 000	
Contrats de location financement	58 891	
Stocks	24 000	
Créances à long terme		16 849
Provisions		90 000
Dettes d'impôt différé		97 514
Réserves Henriette *292 542 x 66 2/3 %*		195 028
Écart d'évaluation société Henriette		
Résultat Henriette *[15 000/5 + 36 000/10 + 150 000/20 + 30 000/10 + 58 891/8 – (96 226 – 92 666)] x 66 2/3 %*	13 934	
Réserves Henriette *[15 000 x 3/5 + 36 000 x 3/10 + 150 000 x 3/20 + 30 000 x 3/10 + 58 891 x 3/8 – (92 666 – 83 151)] x 66 2/3 %*	42 580	
Dettes d'impôt différé *(12 000 + 14 400 + 30 000 + 12 000 + 29 446 – 13 075) x 33 1/3 %*	28 257	
Créances à long terme *96 226 – 83 151*	13 075	
Frais de développement *15 000 x 4/5*		12 000
Brevets *36 000 x 4/10*		14 400
Constructions d'exploitation *150 000 x 4/20*		30 000
Autres immobilisations corporelles *30 000 x 4/10*		12 000
Contrats de location financement *58 891 x 4/8*		29 446
Amortissements et provisions. Pas d'amortissements sur constructions hors exploitation dont la juste valeur est restée inchangée.		
Réserves Henriette	16 000	
Impôts différés	8 000	
Stocks		24 000
Stocks considérés comme vendus		

Pour l'établissement du compte de résultat

Dotations aux amortissements *15 000 / 5 + 36 000/10 + 150 000 / 20 + 30 000 / 10 + 58 891 / 8*	24 461	
Reprises sur dépréciations *96 226 – 92 666*		3 560
Impôts sur les bénéfices *(24 461 – 3 560) x 33 1/3 %*		6 967
Résultat		13 934
Dotations nettes sur écarts d'évaluation		

22 Écarts d'acquisition

1. Calcul de l'écart d'acquisition (goodwill partiel en IFRS)
2. Comptabilisation de l'écart d'acquisition (goodwill partiel en IFRS) à la prise de contrôle
3. Dépréciation du goodwill en normes IFRS
4. Amortissements de l'écart d'acquisition en règles françaises
5. Traitement du goodwill négatif en normes IFRS
6. Traitement de l'écart d'acquisition négatif en règles françaises
7. L'évaluation des intérêts minoritaires et du goodwill selon IFRS 3

PRINCIPES CLÉS

- Selon IFRS 3 (§ 32) l'acquéreur doit comptabiliser le goodwill à la date d'acquisition, évalué comme étant l'excédent :
  - du total de la contrepartie transférée, évalué à la juste valeur, et du montant de la participation ne donnant pas le contrôle dans l'entreprise acquise, évaluée soit à la juste valeur soit à la part proportionnelle de la dite participation dans l'actif net identifiable de l'entreprise acquise ;
  - sur le solde net des montants des actifs identifiables acquis et des passifs repris.
- Selon le règlement 99-02 (§ 21 et 21130) la différence entre le coût d'acquisition des titres et l'évaluation totale des actifs et passifs identifiés à la date d'acquisition constitue l'écart d'acquisition. L'écart d'acquisition positif est inscrit à l'actif immobilisé. Il peut faire l'objet d'un amortissement et/ou d'une dépréciation (voir ci-dessous § 4).
- La comptabilisation du goodwill n'engendre pas d'impôt différé (IAS 12 § 21).
- La notion de « goodwill » en IFRS correspond à la notion d'« écart d'acquisition » en règles françaises (ainsi qu'à celles de fonds commercial en comptes sociaux). En normes IFRS, il est possible d'opter pour le calcul d'un goodwill total (ou complet : full goodwill) ou d'un goodwill partiel (purchase goodwill).
- Le traitement de la dépréciation (ou de l'amortissement) de l'écart d'acquisition est différent en règles françaises et en normes IFRS.
- Le traitement des écarts négatifs est différent en règles françaises et en normes IFRS.

1 Calcul de l'écart d'acquisition (goodwill partiel en IFRS)

Il y a lieu de comparer la valeur d'acquisition des titres de participation et la juste valeur des actifs et passifs identifiables.

Exemple

La société Alpha a fait l'acquisition le 1er janvier N–2 pour 800 000 € de 60 % du capital de la société Bêta. À cette date, les actifs et passifs identifiables évalués à leur juste valeur (tenant compte des écarts d'évaluation tels qu'ils ont été déterminés dans la fiche précédente) sont de 1 100 000 €.
La quote-part d'intérêt de la société Alpha dans la valeur de ces actifs et passifs identifiables est de 1 100 000 × 60 % = 660 000 €.
L'écart d'acquisition est donc de 800 000 – 660 000 = 140 000 €.

2 Comptabilisation de l'écart d'acquisition (goodwill partiel en IFRS) à la prise de contrôle

Deux méthodes essentielles peuvent être utilisées pour comptabiliser l'écart d'acquisition. Il est porté à l'actif et en contrepartie peut être considéré comme une réserve revenant à l'acquéreur ou il peut être imputé sur la valeur des titres de participation qui se trouve ramenée à la quote-part de l'acquéreur dans les actifs et passifs identifiables de l'entité acquise.

Exemple

En reprenant l'exemple ci-dessus on passerait les écritures suivantes :

Première méthode

Écart d'acquisition (goodwill)	140 000	
Réserves Alpha		140 000
Écart d'acquisition Bêta		

Deuxième méthode

Écart d'acquisition (goodwill)	140 000	
Titres de participation (Bêta)		140 000
Écart d'acquisition Bêta		

Il est à noter que les deux méthodes donneront les mêmes informations finales puisque si, par exemple, au moment de l'élimination des titres de participation, à la date de consolidation, le capital de Bêta était de 800 000, les réserves de 600 000 et le résultat de 100 000, on aurait les écritures suivantes :

Première méthode

Capital Bêta	800 000	
Réserves Bêta	600 000	
Résultat Bêta	100 000	
Titres de participation (Bêta)		800 000
Réserves Alpha		40 000
(800 000 + 600 000) × 60 % – 800 000		
Résultat Alpha *100 000 × 60 %*		60 000
Intérêts minoritaires sur capital et réserves		560 000
(800 000 + 600 000) × 40 %		
Intérêts minoritaires sur résultat *100 000 × 40 %*		40 000
Intégration Bêta		

Deuxième méthode

Capital Bêta	800 000	
Réserves Bêta	600 000	
Résultat Bêta	100 000	
Titres de participation (Bêta) *800 000 – 140 000*		660 000
Réserves Alpha		180 000
(800 000 + 600 000) × 60 % – 660 000		
Résultat Alpha *100 000 × 60 %*		60 000
Intérêts minoritaires sur capital et réserves		560 000
(800 000 + 600 000) × 40 %		
Intérêts minoritaires sur résultat *100 000 × 40 %*		40 000
Intégration Bêta		

Nous avons choisi d'utiliser la seconde méthode dans la suite de cet ouvrage.

3 Dépréciation du goodwill en normes IFRS

Pour les besoins des tests de dépréciation, à compter de la date d'acquisition, le goodwill acquis dans un regroupement d'entreprises doit être affecté à chacune des unités génératrices de trésorerie de l'acquéreur ou à chacun des groupes d'unités génératrices de trésorerie susceptibles de bénéficier des synergies du regroupement d'entreprises, que d'autres actifs ou passifs de l'entreprise acquise soient ou non affectés à ces unités ou groupes d'unités.

Une unité génératrice de trésorerie à laquelle un goodwill a été affecté doit être soumise à un test de dépréciation tous les ans ainsi que chaque fois qu'il y a un indice que l'unité peut s'être dépréciée, en comparant la valeur comptable de l'unité, y compris le goodwill, à la valeur recouvrable de l'unité. Si la valeur recouvrable de l'unité excède sa valeur comptable, l'unité et le goodwill qui lui est affecté doivent être considérés comme ne s'étant pas dépréciés. Si la valeur comptable de l'unité excède sa valeur recouvrable, l'unité doit comptabiliser la perte de valeur.

Cette perte de valeur s'impute d'abord sur le goodwill puis sur les autres actifs affectés à l'unité génératrice de trésorerie.

Un perte de valeur comptabilisée pour un goodwill ne doit pas être reprise lors d'une période ultérieure.

4 Amortissements et dépréciations de l'écart d'acquisition en règles françaises

Lorsqu'il existe, lors de l'acquisition, une limite prévisible à sa durée d'utilisation, l'écart d'acquisition est amorti linéairement sur cette durée, ou, si elle ne peut être déterminée de manière fiable, sur 10 ans.
L'entité doit apprécier, à chaque clôture des comptes, s'il existe un indice montrant que l'écart d'acquisition a pu perdre de sa valeur. Si sa valeur actuelle devient inférieure à sa valeur nette comptable, cette dernière est ramenée à la valeur actuelle par le biais d'une dépréciation.
Lorsque la durée d'utilisation de l'écart d'acquisition est non limitée, le test de dépréciation est réalisé au moins une fois par exercice, qu'il existe ou non un indice de perte de valeur.
Les dépréciations comptabilisées ne sont jamais reprises.

5 Traitement du goodwill négatif en normes IFRS

Le goodwill négatif correspond, pour la part revenant à l'acquéreur, soit à une prévision de perte ou de défaut de rendement soit, le cas échéant, à une plus-value potentielle du fait d'une acquisition effectuée dans des conditions avantageuses.
Le goodwill négatif doit être constaté immédiatement en résultat.

6 Traitement de l'écart d'acquisition négatif en règles françaises

Un écart d'acquisition négatif correspond généralement soit à une plus-value potentielle du fait d'une acquisition effectuée dans des conditions avantageuses, soit à une rentabilité insuffisante de l'entreprise acquise.
Toutefois, lors de l'acquisition, les actifs incorporels identifiés qui ne peuvent pas être évalués par référence à un marché actif ne doivent pas être comptabilisés au bilan consolidé s'ils conduisent à créer ou à augmenter un écart d'acquisition négatif.
L'excédent négatif éventuel est rapporté au résultat sur une durée qui doit refléter les hypothèses retenues et les objectifs fixés lors de l'acquisition.

7 L'évaluation des intérêts minoritaires et du goodwill selon IFRS 3

Pour IFRS 3 (§ 19), « pour chaque regroupement d'entreprise, l'acquéreur doit évaluer toute participation ne donnant pas le contrôle détenue dans l'entreprise acquise soit à la juste valeur, soit à la part proportionnelle de la participation dans l'actif net identifiable de l'entreprise acquise ». L'application de cette règle conduit à la détermination de deux valeurs de goodwill : un goodwill total ou un goodwill partiel.

Exemple

La société Alpha a fait l'acquisition le 1er janvier N–2 pour 600 000 € de 60 % du capital de la société Bêta. À cette date, les actifs et passifs identifiables évalués à leur juste valeur (tenant compte des écarts d'évaluation tels qu'ils sont été déterminés dans la fiche précédente) sont de 900 000 €.
Si les intérêts minoritaires sont évalués au même niveau que les intérêts d'Alpha, la juste valeur de la société Bêta est de 600 000 / 60 % = 1 000 000 €.
Si la participation ne donnant pas le contrôle (intérêts minoritaires) est évaluée à la juste valeur, le goodwill (goodwill *total* ou *full goodwill*) est de 1 000 000 – 900 000 = 100 000 €.
Si la participation est évaluée à la part proportionnelle dans l'actif net identifiable, le goodwill (goodwill partiel ou *purchase goodwill*) est de 600 000 – 900 000 × 60 % = 60 000 €.

Application

La société Arnaud a fait l'acquisition le 1er janvier N–3 de 60 % du capital de la société Bertrand pour 1 200 000 € et de 70 % du capital de la société Cécile pour 500 000 €. Un écart d'évaluation a été constaté lors de la prise de contrôle de Bertrand et concerne des terrains pour 120 000 € et des constructions amortissables en 20 ans pour 180 000 €. Aucun écart n'a été constaté sur Cécile.
Au 1er janvier N–3, les situations nettes comptables de Bertrand et Cécile étaient respectivement de 1 500 000 € et 800 000 €.
La durée qui reflète, aussi raisonnablement que possible, les hypothèses retenues et les objectifs fixés et documentés lors de l'acquisition est estimée être de 10 ans pour les deux sociétés.
En N–1 et N, après test de dépréciation, il est constaté une perte de valeur de 60 000 € fin N–1 et 90 000 € fin N sur le goodwill constaté sur la société Bertrand.

Présenter au 31 décembre N les écritures de consolidation relatives aux écarts d'acquisition (goodwill) en règles françaises et en IFRS (goodwill partiel ou *purchase goodwill*).

Corrigé

Actif net société Bertrand (en tenant compte des écarts d'évaluation) :
1 500 000 + (120 000 + 180 000) × 66 2/3 % = 1 700 000.

Écart d'acquisition société Bertrand : 1 200 000 – 1 700 000 × 60 % = 180 000 €.

Écart d'acquisition société Cécile : 500 000 – 800 000 × 70 % = – 60 000 €.

1. Comptabilisation en règles françaises

Pour l'établissement du bilan

Écart d'acquisition	180 000	
Titres de participation (Bertrand)		180 000
Écart d'acquisition Bertrand (positif)		
Titres de participation (Cécile)	60 000	
Provisions pour risques		60 000
Écart d'acquisition Cécile (négatif)		

Résultat Arnaud *180 000/10*	18 000	
Réserves Arnaud *180 000 × 3/10*	54 000	
Écart d'acquisition		72 000
Amortissement écart d'acquisition Bertrand		
Réserves Arnaud *60 000 – 54 000*	6 000	
Résultat Arnaud *90 000 – 72 000 – 6 000*	12 000	
Écarts d'acquisition *90 000 – 72 000*		18 000
Dépréciation écart d'acquisition Bertrand		
Provisions pour risques	24 000	
Résultat Arnaud *60 000 /10*		6 000
Réserves Arnaud *60 000 × 3/10*		18 000
Reprise provision écart d'acquisition Cécile		

Pour l'établissement du compte de résultat

Dotations aux amortissements des écarts d'acquisition	18 000	
Résultat		18 000
Amortissement écart d'acquisition Bertrand		
Dotations aux dépréciations des écarts d'acquisition	12 000	
Résultat		12 000
Dépréciation constatée fin N		
Résultat	6 000	
Reprises sur provisions pour risques		6 000
Reprise provision		

2. Comptabilisation en IFRS

Pour l'établissement du bilan

Goodwill	180 000	
Titres de participation (Bertrand)		180 000
Goodwill Bertrand (positif)		
Titres de participation (Cécile)	60 000	
Résultat Arnaud		60 000
Goodwill Cécile (négatif)		
Résultat Arnaud	60 000	
Réserves Arnaud *90 000 – 30 000*	30 000	
Goodwill		90 000
Dépréciation goodwill Bertrand		

Pour l'établissement du compte de résultat

Dotations aux dépréciations du goodwill	30 000	
Résultat		30 000
Dépréciation goodwill Bertrand		
Résultat	60 000	
Résultat sur acquisitions filiales		60 000
Goodwill Cécile (négatif)		

23 Changements de périmètre de consolidation

1. Acquisition de titres
2. Augmentation de capital
3. Cessions externes de titres acquis
4. Cessions de titres internes au groupe
5. Fusions internes au groupe
6. Absorption d'une société du groupe par une société hors groupe
7. Absorption d'une société hors groupe par une société du groupe
8. Échange de participations minoritaires

PRINCIPES CLÉS

- Un certain nombre d'opérations peuvent avoir pour conséquence de faire varier le pourcentage d'intérêt de la société mère sur une ou plusieurs de ses filiales et le périmètre de consolidation. Ces opérations sont notamment l'acquisition de titres, les opérations d'augmentation de capital, les cessions externes de titres acquis, les cessions internes au groupe, les fusions internes au groupe, l'absorption d'une société du groupe par une société extérieure et l'absorption d'une société externe au groupe par une société du groupe.
- Ces opérations sont enregistrées dans les comptes sociaux sans tenir compte des spécificités propres aux comptes consolidés. Lors de la consolidation, il y a lieu d'analyser ces opérations et de passer éventuellement certains enregistrements spécifiques.

1 Acquisition de titres

L'acquisition de titres complémentaires à des tiers extérieurs au groupe modifie le pourcentage d'intérêt. Il peut aussi modifier le pourcentage de contrôle de la société mère sur l'entreprise acquise.

a. Acquisition de titres d'une filiale

En normes IFRS, lorsqu'une entité qui détient le contrôle d'une autre entité, acquiert des titres de ladite société, les écarts d'évaluation et d'acquisition nouvellement calculés ne sont pas pris en compte dans l'opération (sauf dépréciation). En effet, l'évaluation à la juste valeur de la société acquise doit être fait (selon IFRS 3 § 18) à la date

d'acquisition. Or, cette date d'acquisition est la date à laquelle l'acquéreur obtient le contrôle de l'entité acquise.
Si la consolidation est effectuée selon le règlement 99-02 du CRC, les acquisitions complémentaires ne remettent pas en cause l'évaluation des actifs et passifs identifiés à la date de prise de contrôle (règlement 99-02 § 230). Les écarts d'évaluation sont cependant diminués des amortissements constatés pratiqués depuis la prise de contrôle. L'écart constaté est donc affecté en totalité en écarts d'acquisition et aucun retraitement postérieur n'est nécessaire.

b. Acquisition de titres d'une entité contrôlée conjointement

Le traitement est identique à celui du traitement de l'acquisition de titres d'une filiale.

c. Acquisition de titres d'une société associée

Dans le cadre de l'acquisition de titres d'une société associée, c'est au moment où la société acquéreuse prend le contrôle de ladite société que la juste valeur doit être constatée.

2 Augmentation de capital

Ne peuvent participer à une augmentation de capital que les titulaires de droits préférentiels de souscription. Si le prix d'acquisition des droits de souscription était différent de la valeur théorique, il serait nécessaire d'effectuer une régularisation.

3 Cessions externes de titres acquis

Lors de la cession de titres de sociétés faisant partie d'un groupe, il sera impératif de différencier, dans le résultat de cession, en effectuant les retraitements nécessaires, le résultat d'opérations antérieures de consolidation et le résultat proprement dit de la cession. Il y a lieu de distinguer la cession totale et la cession partielle.

a. Cession totale

- La sortie du périmètre de consolidation de l'entreprise cédée s'effectue à la date du transfert de contrôle à l'entreprise acquéreuse. Le compte de résultat consolidé retrace les produits réalisés et les charges supportées par l'entreprise cédée jusqu'à la date de transfert du contrôle.
- Le résultat de cession est constaté lorsqu'il est réalisé, c'est-à-dire à la date où l'entreprise consolidante a transféré le contrôle de l'entreprise précédemment contrôlée. La plus ou moins-value de cession se calcule à partir de la dernière valeur en consolidation de l'entreprise comprenant le résultat jusqu'à la date de cession, l'écart d'acquisition résiduel non amorti et, le cas échéant, l'écart de conversion inscrit dans les capitaux propres, part du groupe.

b. Cession partielle

- Dans le cas d'une cession partielle de titres d'une entreprise restant consolidée par intégration globale, l'ensemble des éléments concourant à la détermination de la plus ou moins-value (y compris une quote-part de l'écart d'acquisition et de l'écart de conversion) est pris en compte au prorata de la cession réalisée pour déterminer le résultat de cession.
- Dans le cas d'une entreprise restant consolidée mais par mise en équivalence, la prise en compte du résultat de cession s'effectue de la même manière qu'en cas d'une cession partielle d'entreprise restant consolidée par intégration globale et les actifs et passifs cessent d'être intégrés aux dates et selon les modalités définies dans le cas d'une cession globale.

4 Cessions de titres internes au groupe

Les cessions internes au groupe de participations doivent être neutralisées au niveau de la consolidation (comme sont neutralisées les cessions de stocks ou les cessions d'immobilisations).

5 Fusions internes au groupe

a. Fusions comptabilisées conformément au PCG

Si les sociétés concernées par la fusion sont sous contrôle commun (ce qui est le cas dans le cadre de fusions internes), les apports seront comptabilisés à la valeur comptable.
Il faut neutraliser tous les effets de la fusion qui ne doit pas changer les réserves consolidées ni les intérêts minoritaires.

b. Fusions comptabilisées conformément aux normes IFRS

La comptabilité des fusions est régie dans les normes comptables internationales par la norme IFRS 3 « Regroupement d'entreprises ». Les regroupements d'entreprises couvrent, pour l'IASB, non seulement les prises de contrôle d'une entité par une autre (qui conduisent l'entité prenant le contrôle à présenter des comptes consolidés) mais également l'apport d'une entité à une autre entité (fusion, apport partiel d'actif).

6 Absorption d'une société du groupe par une société hors groupe

Dans ce cas, la société mère va recevoir des titres hors groupe en échange des titres de la société absorbée, le pourcentage de la société mère dans la société hors groupe va être différent de ce qu'il était avant l'opération et un écart d'intérêt va apparaître.

Exemple

La société Bêta, détenue à 80 % par la société Alpha, est absorbée par une société extérieure Oméga. Les apports seront comptabilisés aux valeurs réelles (puisque, dans le cas proposé, préalablement à la fusion, les sociétés Bêta et Oméga sont sous contrôle distinct). Les titres Bêta ont été acquis par Alpha pour 800 000 €. La capital de Bêta est de 1 000 000 €, les réserves de 400 000 €. La valeur réelle de la société Bêta est de 1 450 000 €. Le capital d'Oméga de 600 000 €, les réserves de 150 000 €.
La parité retenue est de une action Bêta (nominal 100 €) pour une action Oméga (nominal 100 €).
La société Oméga va donc créer 10 000 actions nouvelles qu'elle va remettre aux actionnaires de Bêta (dont 8 000 pour Alpha). Le pourcentage de contrôle de Alpha sur Oméga qui était de 0 % avant la fusion est passé à 8 000 / 10 000 + 6 000 = 50 %.
La société Oméga sera consolidée par intégration globale.
Avant la fusion, les réserves de la filiale consolidée étaient de 400 000 × 80 % = 320 000 € ; après la fusion, la prime de fusion étant de 1 450 000 – 1 000 000 = 450 000 €, elles sont de (150 000 + 450 000) × 50 % = 300 000 €.
On a donc constaté un écart sur la part d'intérêt de 20 000 € qu'on comptabilisera en résultat afin de neutraliser l'opération de fusion sur les capitaux propres consolidés du groupe (il est à noter que les intérêts minoritaires sont passés de 1 400 000 × 20 % = 280 000 à (600 000 + 200 000 + 1 000 000 + 400 000) × 50 % = 1 100 000).

7 Absorption d'une société hors groupe par une société du groupe

Dans ce cas, la filiale va augmenter son capital pour remettre les titres correspondants aux actionnaires de la société hors groupe et un écart d'intérêt va apparaître.

Exemple

La société Bêta, détenue à 80 % par la société Alpha, absorbe une société extérieure Oméga. Les apports seront comptabilisés aux valeurs réelles (puisque, dans le cas proposé, avant la fusion, la société Oméga n'était pas sous le contrôle d'Alpha). Les titres Bêta ont été acquis par Alpha pour 800 000 €. Le capital de Bêta est de 1 000 000 €, les réserves de 400 000 €. Le capital d'Oméga de 600 000 €, les réserves de 150 000 €. La valeur réelle de la société Oméga est de 900 000 €. La parité retenue est d'une action Bêta (nominal 100 €) pour une action Oméga (nominal 100 €)
La société Bêta va donc créer 6 000 actions nouvelles qu'elle va remettre aux actionnaires d'Oméga.
Le pourcentage de contrôle de Alpha sur Bêta qui était de 80 % avant la fusion va passer à 8 000 / 10 000 + 6 000 = 50 %.
La société Bêta sera toujours consolidée par intégration globale.
Avant la fusion, les réserves de la filiale consolidée étaient de 400 000 × 80 % = 320 000 €, après la fusion, la prime de fusion étant de 300 000 € elles sont de (400 000 + 300 000) × 50 % = 350 000 €.
On a donc constaté un écart sur la part d'intérêt de 30 000 € qu'on comptabilisera en résultat. Il est à noter que les intérêts minoritaires sont passés de 1 400 000 × 20 % = 280 000 à (600 000 + 300 000 + 1 000 000 + 400 000) × 50 % = 1 150 000.

8 Échange de participations minoritaires

Conformément au principe général, les échanges de participations minoritaires se comptabilisent dans tous les cas à la valeur la plus sûre des deux lots échangés et conduisent à la détermination d'une plus ou moins-value par rapport à leur valeur comptable consolidée.

Application

La société Antoine possède des participations dans les sociétés Barnabé et Cyrille.
Au cours de l'exercice N, les opérations suivantes ont été effectuées :
a) La société mère Antoine a acquis les titres suivants de la société Barnabé :
- le premier lot a été acquis au début de l'exercice N–2 : 60 % pour 1 200 000 €. Les capitaux propres de Barnabé étaient alors de 1 600 000 €, des terrains avaient été réestimés de 150 000 € et des constructions amortissables en 20 ans de 360 000 € ;
- le second lot (20 % pour 500 000 €) a été acquis au milieu de l'exercice N alors que les capitaux propres étaient de 1 900 000 € (dont 100 000 de résultat de l'exercice), la valeur des terrains réestimés de 180 000 €, les constructions de 420 000 €.

b) La société Antoine a fait l'acquisition au début de N–2 de 20 % du capital de la société Cyrille pour 200 000 € puis au milieu de l'année N, de 50 % du capital de Cyrille pour 625 000 €.
Les capitaux propres de Cyrille étaient au début de N–2 de 800 000 €, des terrains avaient été réestimés de 75 000 € et des constructions amortissables en 20 ans de 180 000 €.
Au milieu de l'année N, les capitaux propres de Cyrille étaient de 950 000 € (dont 50 000 de résultat de l'exercice), la valeur des terrains réestimés de 90 000 €, les constructions de 210 000 €.

Analyser ces opérations et passer les écritures de consolidation nécessaires.

Corrigé

Opération *a*

Au moment de l'acquisition du premier lot, la valeur de la société Barnabé, le goodwill s'élève à 1 200 000 – [1 600 000 + (150 000 + 360 000) × 66 2/3 %] × 60 % = 36 000 €.

Au moment de l'acquisition du second lot, comme les plus-values sur éléments identifiables sont supérieures aux écarts d'évaluation constatés lors de la première acquisition et amortis en partie depuis (dans le cas inverse, il aurait fallu constater une dépréciation), le goodwill doit être non pas calculé à partir des données de la seconde acquisition (dans ce cas, il aurait été de : 500 000 – [1 900 000 + (180 000 + 420 000) × 66 2/3 %] × 20 % = 40 000 €), mais à partir des données de la première acquisition celle de la prise de contrôle.

Si on avait gardé en N les écarts d'évaluation constatés lors de l'acquisition du premier lot, on aurait la valeur de la société Barnabé suivante :

• Capitaux propres :	1 900 000
• Écarts d'évaluation (amortis) : (150 000 + 360 000 – 360 000 × 2,5/20) × 66 2/3 % =	310 000
	2 210 000

Le goodwill constaté lors de la seconde acquisition sera donc de : 500 000 – 2 210 000 × 20 % = 58 000 € (au lieu de 40 000).
On passera l'écriture suivante (pour le bilan) pour enregistrer cette différence :

Titres de participation	18 000	
Réserves Antoine *18 000 × 66 2/3 %*		12 000
Dette d'impôt différé		6 000
Retraitement valeur d'acquisition deuxième lot de titres		

Opération *b*

Dans le cadre des normes IFRS, juste avant l'acquisition du second lot, la société Cyrille est mise en équivalence et pour l'établissement d'un bilan consolidé (ce serait un bilan intermédiaire) au 30 juin N, on aurait une évaluation des titres suivante :

- Prix d'acquisition des titres : 200 000
- Quote-part de l'évolution des capitaux propres du 1er janvier N–2 au 30 juin N : (950 000 – 800 000) × 20 % = 30 000
- Quote-part des amortissements de l'évaluation sur construction : 180 000 × 2,5 /20 × 66 2/3 % × 20 % = – 3 000

227 000

La juste valeur de la société Cyrille étant déterminée au 1er juillet N, on passerait (si l'on établissait les comptes consolidés du groupe à cette date), les écritures suivantes (pour le bilan) :

Terrains	90 000	
Constructions	210 000	
Réserves Cyrille *(90 000 + 210 000) × 66 2/3 %*		200 000
Créances d'impôt différé (90 000 + 210 000) × 33 1/3 %		100 000
Écart d'évaluation		
Goodwill	70 000	
Titres de participation Cyrille		70 000
Écart d'acquisition 625 000 × 70 % / 50 % – [950 000 + (90 000 + 210 000) × 66 2/3 %] × 70 %		

Titres de participation Cyrille *625 000 × 20 % / 50 %*	250 000	
Titres mis en équivalence Cyrille		227 000
Réserves Antoine *23 000 × 66 2/3 %*		15 333
Dettes d'impôt différé		7 667
Réajustement valeur premier lot de titres		
Capitaux propres Cyrille *950 000 + 200 000*	1150 000	
Titres de participation Cyrille *625 000 + 250 000 – 70 000*		805 000
Intérêts minoritaires 1 *150 000 × 30 %*		345 000
Intégration Fidèle		

Si on avait utilisé les normes françaises juste avant l'acquisition du second lot, la société Cyrille serait mise en équivalence et, pour l'établissement d'un bilan consolidé au 30 juin N, on aurait l'évaluation des titres suivante :

• Prix d'acquisition des titres :	200 000
• Écart d'acquisition déduit (inscrit dans un compte spécifique) : 200 000 – [800 000 + (75 000 + 180 000) × 66 2/3 %] × 20 %	– 6 000
• Quote-part de l'évolution des capitaux propres du 1er janvier N–2 au 30 juin N : (950 000 – 800 000) × 20 % =	30 000
• Quote-part des amortissements de l'évaluation sur construction : 180 000 × 2,5 /20 × 66 2/3 % × 20 % =	– 3 000
	221 000

La juste valeur de la société Cyrille étant déterminée au 1er juillet N, on passerait (si l'on établissait les comptes consolidés du groupe à cette date) les écritures suivantes (pour le bilan) :

	Débit	Crédit
Terrains	90 000	
Constructions	210 000	
Réserves Cyrille *(90 000 + 210 000) × 66 2/3 %*		200 000
Créances d'impôt différé *(90 000 + 210 000) × 33 1/3 %*		100 000
Écart d'évaluation		
Goodwill	50 000	
Titres de participation Cyrille		50 000
Écart d'acquisition : 625 000 – [950 000 + (90 000 + 210 000) × 66 2/3 %] × 50 %		
Capitaux propres Cyrille *950 000 + 200 000*	1 150 000	
Titres de participation Cyrille *625 000 – 50 000 + 221 000 (titres mis en équivalence)*		796 000
Réserves Antoine *1 150 000 × 70 % – 796 000*		9 000
Intérêts minoritaires *1 150 000 × 30 %*		345 000
Intégration Cyrille		

Remarque : La somme de 9 000 € inscrite en réserves porte sur le retraitement qui a été effectué sur les titres mis en équivalence : 6 000 + 3 000.

Documents de synthèse des groupes en normes françaises 24

1. Le bilan
2. Le compte de résultat
3. L'annexe

PRINCIPES CLÉS

- Selon le règlement 99-02 du Comité de la réglementation comptable (section IV), les documents de synthèse consolidés comprennent obligatoirement le bilan, le compte de résultat et une annexe qui forment un tout indissociable et doivent être présentés sous une forme comparative avec l'exercice précédent.
- Les modèles de tableaux présentés dans le règlement sont indicatifs ; en revanche la liste des informations devant figurer dans les différents documents de synthèse sont des informations minimales obligatoires pour autant qu'elles soient significatives.

1 Le bilan

Le bilan consolidé est présenté sous forme de tableau (ou éventuellement sous forme de liste pour les entreprises qui le faisaient précédemment). Il est établi avant répartition (ou éventuellement avant et après répartition).

Modèle de bilan (règlement 99-02)

ACTIF	N	N-1	PASSIF	N	N-1
Actif immobilisé Écarts d'acquisition Immobilisations incorporelles Immobilisations corporelles Immobilisations financières Titres mis en équivalence **Actif circulant** Stocks et en cours Clients et comptes rattachés Autres créances et comptes de régularisation Valeurs mobilières de placement Disponibilités			**Capitaux propres** **(Part du groupe)** Capital (1) Primes (1) Réserves et résultat consolidés (2) Autres (3) **Intérêts minoritaires** **Provisions** **Dettes** Emprunts et dettes financières Fournisseurs et comptes rattachés Autres dettes et comptes de régularisation		
Total de l'actif			Total du passif		

(1) De l'entreprise mère consolidante.

(2) Dont résultat net de l'exercice.

(3) À détailler dans le tableau de variation des capitaux propres consolidés (Part du groupe).

2 Le compte de résultat

Le compte de résultat consolidé est présenté sous forme de liste (ou éventuellement de tableau) selon un classement des produits et des charges soit par nature, soit par destination.

Dans tous les cas, il convient de retenir une forme synthétique comportant les lignes spécifiques liées à la consolidation.

Modèle de compte de résultat (classement des charges et produits par nature) (règlement 99-02)

	N	N-1
Chiffre d'affaires Autres produits d'exploitation Achats consommés Charges de personnel (1) Autres charges d'exploitation Impôts et taxes Dotations aux amortissements, dépréciations et provisions		
Résultat d'exploitation		
Charges et produits financiers		

•••

•••

	N	N–1
Résultat courant des entreprises intégrées Charges et produits exceptionnels Impôts sur les résultats		
Résultat net des entreprises intégrées		
Quote-part dans les résultats des entreprises mises en équivalence Dotations aux amortissements des écarts d'acquisition		
Résultat net de l'ensemble consolidé		
Intérêts minoritaires		
Résultat net (Part du groupe)		
Résultat par action Résultat dilué par action		

(1) Y compris participation des salariés.

Modèle de compte de résultat (1) (classement des charges et produits par destination) (règlement 99-02)

	N	N–1
Chiffre d'affaires Coût des ventes Charges commerciales Charges administratives Autres charges et produits d'exploitation **Résultat d'exploitation**		

(1) Les éléments figurant après le résultat d'exploitation sont les mêmes que ceux du modéle avec classement des charges et produits par nature.

3 L'annexe

L'annexe doit comporter toute information de caractère significatif permettant aux utilisateurs des comptes consolidés de porter une appréciation sur le patrimoine, la situation financière et le résultat de l'ensemble constitué par les entreprises comprises dans la consolidation. L'information porte au minimum sur l'exercice écoulé et sur le précédent. La liste des informations recensées dans le règlement, dont l'ordre est indicatif, ne doit en aucun cas être considérée comme limitative. En revanche, celles qui ne présentent pas un caractère significatif ne sont pas à fournir.

25 Documents de synthèse des groupes en normes IFRS

1. L'état de situation financière (le bilan)
2. L'état du résultat net et des autres éléments du résultat global
3. L'état des variations de capitaux propres
4. Le tableau de flux de trésorerie
5. Les notes annexes

PRINCIPES CLÉS

Selon la norme IAS 1 « Présentation des états financiers » (§ 10) :

« Un jeu complet d'états financiers comprend :
(a) un état de situation financière à la fin de la période ;
(b) un état du résultat net et des autres éléments du résultat global (statement of profit or loss and comprehensive income en anglais) de la période ;
(c) un état des variations de capitaux propres de la période ;
(d) un tableau (ou état) de flux de trésorerie de la période ;
(e) des notes contenant un résumé des principales méthodes comptables et d'autres informations explicatives… »

Une entité peut utiliser des titres d'états autres que ceux indiqués dans la norme (bilan au lieu d'état de la situation financière à la fin de la période, état de résultat global au lieu d'état de résultat net et des autres éléments du résultat global, par exemple).
Ce jeu d'états financiers peut s'appliquer aux comptes individuels des entités comme aux comptes consolidés.

Il n'existe pas en normes IFRS de formes normalisées (mais simplement des modèles présentés par les utilisateurs) d'état de situation financière (bilan), d'état de résultat net et des autres éléments du résultat global, d'état des variations de capitaux propres et de tableau de flux de trésorerie.
Les normes ne donnent que la liste des informations à présenter dans ces états financiers.

1 L'état de situation financière (le bilan)

Modèle de bilan ou état de situation financière (actif)

	N	N–1
Actifs non courants Immobilisations corporelles Immeubles de placement Goodwill Autres immobilisations incorporelles Actifs non courants biologiques (agriculture) Participations dans les entreprises associées et coentreprises (mise en équivalence) Titres disponibles à la vente et autres actifs financiers		
Total		
Actifs courants Stocks Actifs courants biologiques (agriculture) Créances clients Autres actifs courants Trésorerie et équivalents		
Total		
Actifs classés en actifs non courants destinés à être cédés		
Total		

Modèle de bilan ou état de situation financière (capitaux propres et passifs)

	N	N–1
Capitaux propres attribuables aux actionnaires de la société mère Capital émis Autres réserves Bénéfices non distribués Montants comptabilisés directement en capitaux propres		
Total		
Capitaux propres attribuables aux participations ne donnant pas le contrôle		
Total capitaux propres		
Passifs non courants Emprunts à long terme Impôts différés Provisions à long terme		
Total		
Passifs courants Fournisseurs et autres créditeurs Emprunts à court terme Partie courante des emprunts à long terme Impôts exigibles Provisions à court terme		
Total		
Passifs directement associés à des actifs classés en actifs non courants destinés à être cédés		
Total passifs		
Total		

2 L'état du résultat net et des autres éléments du résultat global

L'entité peut présenter dans un seul état, mais dans deux sections séparées, le résultat net et les autres éléments du résultat global. Ces sections doivent se suivre, la section « résultat net » précédant immédiatement la section « autres éléments du résultat global ». L'entité peut aussi présenter la section « résultat net » dans un état du résultat net séparé.

Modèle d'état du résultat net (charges par nature)

	N	N–1
Activités maintenues		
Produits des activités ordinaires		
Autres produits		
Variations des stocks des produits finis et en cours		
Production immobilisée		
Marchandises et matières consommées		
Frais de personnel		
Amortissements et dépréciations		
Dépréciation des immobilisations corporelles		
Autres charges		
Charges financières		
Quote-part dans le résultat net des entités associées et coentreprises		
Résultat avant impôt		
Charge d'impôt sur le résultat		
Résultat de l'exercice relatif aux activités maintenues		
Activités abandonnées		
Résultat de l'exercice des activités abandonnées (1)		
Résultat de l'exercice		
Attribuable à :		
Actionnaires de la société mère		
Intérêts minoritaires		
Résultat de base par action		
Activités maintenues		
Activités abandonnées		
Résultat dilué par action		
Activités maintenues		
Activités abandonnées		

(1) L'analyse sera donnée dans les notes annexes.

Modèle d'état du résultat net (charges par fonction)

	N	N–1
Activités maintenues		
Produits des activités ordinaires		
Coût des ventes		
Marge brute		
Autres produits		
Coûts commerciaux		
Charges administratives		
Autres charges		
Charges financières		
Quote-part dans le résultat net des entités associées et coentreprises		
Résultat avant impôt		
Charge d'impôt sur le résultat		
Résultat de l'exercice relatif aux activités maintenues		
Activités abandonnées		
Résultat de l'exercice des activités abandonnées (1)		
Résultat de l'exercice		
Attribuable à :		
Actionnaires de la société mère		
Intérêts minoritaires		
Résultat de base par action		
Activités maintenues		
Activités abandonnées		
Résultat dilué par action		
Activités maintenues		
Activités abandonnées		

(1) L'analyse sera donnée dans les notes annexes.

Modèle d'état des autres éléments du résultat global (distinct de l'état du résultat net)

Résultat de l'exercice		
Profits sur réévaluations des immobilisations		
Titres disponibles à la vente : gains ou pertes portés en capitaux propres		
Couverture de flux de trésorerie : gains et pertes portés en capitaux propres		
Différences de change liées aux conversions		
Autres (à détailler)		
Impôts sur les éléments portés ou transférés en capitaux propres		
Total autres éléments du résultat global		
Résultat global		
Attribuable à :		
Actionnaires de la société mère		
Intérêts minoritaires		

3 L'état des variations de capitaux propres

Modèle d'état de variation des capitaux propres

	Capital	Réserves	[......]	Totaux
Bilan au 31.12.N–1 • Effets de changements de méthode comptable				
Bilan corrigé				
Changements capitaux propres en N • Résultat net de la période • Autres éléments du résultat global • Dividendes • Augmentation de capital				
Bilan au 31.12.N				

4 Le tableau de flux de trésorerie

La présentation du tableau de flux de trésorerie consolidé est exposée par la norme IAS 7 « États des flux de trésorerie ».

Modèle de tableau de flux de trésorerie (méthode indirecte)

	N	N–1
Flux de trésorerie provenant des activités opérationnelles Résultat avant impôt + Ajustement pour amortissements et provisions + Charges financières – Produits financiers ± Résultat de change ± Variation besoin de fonds de roulement opérationnel – Intérêts (sur activités opérationnelles) payés – Impôt sur le résultat payé		
Flux net de trésorerie provenant des activités opérationnelles		
Flux de trésorerie provenant des activités d'investissement – Acquisitions filiales sous déduction trésorerie acquise – Acquisitions d'immobilisations + Cessions d'immobilisations + Produits financiers reçus		
Flux net de trésorerie provenant des activités d'investissement		

•••

•••	N	N–1
Flux de trésorerie provenant des activités de financement + Augmentation de capital + Encaissements provenant d'emprunts à long terme ou de contrats de location-financement – Remboursements provenant d'emprunts à long terme ou de contrats de location-financement – Dividendes versés		
Flux net de trésorerie provenant des activités de financement		
Variation nette de trésorerie ou d'équivalents de trésorerie		
Trésorerie ou équivalents de trésorerie à l'ouverture de l'exercice		
Trésorerie ou équivalents de trésorerie à la clôture de l'exercice		

Modèle de tableau de flux de trésorerie (activités opérationnelles, méthode directe)

	N	N–1
Flux de trésorerie provenant des activités opérationnelles Encaissements reçus des clients Autres encaissements – Sommes versées aux fournisseurs et au personnel – Sommes versées à d'autres tiers = Flux de trésorerie provenant des activités opérationnelles – Intérêts payés – Impôt sur le résultat payé		
Flux net de trésorerie provenant des activités opérationnelles		

5 Les notes annexes

Les notes doivent :

- présenter des informations sur la base d'établissement des états financiers et sur les méthodes comptables spécifiques utilisées ;
- indiquer les informations imposées par les IFRS qui ne sont pas présentées par ailleurs dans les états financiers ;
- fournir des informations supplémentaires qui ne sont pas présentées par ailleurs dans les états financiers, mais qui sont pertinentes pour les comprendre.

26 Cadre général de l'audit

1 Définitions et formes d'audit
2 Normes d'audit
3 Déroulement de la mission d'audit

PRINCIPES CLÉS

- Comme il importe que l'image que la comptabilité donne de la situation de l'entreprise soit la plus fidèle possible pour tous ceux qui seront amenés à utiliser les informations comptables, un contrôle général, s'appliquant à l'ensemble de la comptabilité en vue d'en vérifier la régularité et la sincérité, semble être indispensable : telle est la mission, légale ou contractuelle, de l'auditeur de comptes.
- L'objectif d'un audit d'états financiers est de permettre à l'auditeur d'exprimer une opinion selon laquelle les états financiers ont été établis, dans tous leurs aspects significatifs, conformément à un référentiel comptable applicable

1 Définitions et formes d'audit

Généralement, les définitions de l'audit données par les auteurs convergent vers une mission d'opinion :

- confiée à un professionnel « indépendant » (auditeur interne ou externe) ;
- utilisant une méthodologie spécifique ;
- et justifiant un niveau de diligences acceptable par rapport à des normes.

Pour l'IAASB de l'IFAC :

« Le but d'un audit est de renforcer le degré de confiance des utilisateurs présumés des états financiers. Celui-ci est atteint par l'expression par l'auditeur d'une opinion selon laquelle les états financiers sont établis, dans tous leurs aspects significatifs, conformément à un référentiel comptable applicable. Pour la plupart des référentiels comptables à usage général, cette opinion porte sur le fait que les états financiers sont présentés sincèrement, dans tous leurs aspects significatifs, ou donnent une image fidèle conformément à ce référentiel. »

De l'examen des états financiers (audit comptable et financier), l'audit s'est étendu à d'autres domaines, (informatique, juridique, fiscal, social, achats, production…).
On peut ainsi valablement distinguer :

- **l'audit de fiabilité des systèmes**, dont le but est de donner aux utilisateurs l'assurance du bon fonctionnement d'un système (l'audit comptable et financier ou révision comptable contribue à améliorer la crédibilité de l'information ; l'audit juridique contribue à s'assurer qu'aucune règle n'a été omise) ;
- **l'audit de l'efficacité des systèmes** ou encore **audit opérationnel**, susceptible d'être mis en œuvre dans le domaine comptable et financier, mais aussi dans d'autres domaines : stratégie, production, informatique, juridique et dont le but est d'améliorer les performances de l'entreprise.

Si l'audit de fiabilité est plus orienté vers une mission de contrôle, l'audit d'efficacité est plus orienté vers une mission de conseil, le but de l'audit opérationnel étant d'améliorer les systèmes et non simplement de voir s'ils fonctionnent correctement.

2 Normes d'audit

De nombreuses normes ont été édictées par plusieurs organisations en vue de fournir une base incontestable aux différentes missions d'audit : il s'agit notamment :

- **des normes internationales** édictées par l'IAASB (International Auditing and Assurance Standards Board) de l'IFAC (International Federation of ACcountants) : normes ISA (International Standard of Auditing) et autres normes. Conformément à la directive européenne relative aux contrôles légaux des comptes annuels et consolidés, ces normes sont applicables dans l'Union européenne après adoption par la Commission ;
- **des normes nationales** édictées par l'Ordre des experts-comptables et la Compagnie nationale des commissaires aux comptes, qui découlent des normes internationales. Les normes d'exercice professionnel (NEP), notamment, sont adoptées par le Haut Conseil du commissariat aux comptes et homologuées par le garde des Sceaux, ministre de la justice, après avis de la Compagnie nationale des commissaires aux comptes Elles font l'objet d'une publication au Journal officiel sous forme d'arrêtés ministériels. Elles continueront à s'appliquer tant que la Commission européenne n'aura pas adopté la norme internationale correspondante.

Extrait de la liste des normes NEP et correspondance avec les normes de l'IFAC

Normes NEP	Intitulés	Normes IFAC
	Aspects généraux	
NEP 200	Principes applicables à l'audit des comptes mises en œuvre dans le cadre de la certification des comptes	ISA 200
NEP 210	Lettre de mission du commissaire aux comptes	ISA 210

•••

•••

Normes NEP	Intitulés	Normes IFAC
NEP 230	Documentation de l'audit des comptes	ISA 230
NEP 240	Prise en considération de la possibilité de fraudes lors de l'audit des comptes	ISA 240
NEP 250	Prise en compte du risque d'anomalies significatives dans les comptes résultant du non-respect des textes légaux et réglementaires	ISA 250
NEP 265	Communication des faiblesses du contrôle interne	ISA 265
Évaluation du risque d'anomalies significatives et procédures d'audit mises en œuvre		
NEP 300	Planification de l'audit	ISA 300
NEP 315	Connaissance de l'entité et de son environnement et évaluation du risque d'anomalies significatives dans les comptes	ISA 315
NEP 320	Anomalies significatives et seuil de signification	ISA 320
NEP 330	Procédures d'audit mises en œuvre par le commissaire aux comptes à l'issue de son évaluation des risques	ISA 330
NEP 450	Évaluation des anomalies réalisées au cours de l'audit	ISA 450
Caractère probant des éléments collectés		
NEP 500	Caractère probant des éléments collectés	ISA 500
NEP 501	Caractère probant des éléments collectés (applications spécifiques)	ISA 501
NEP 505	Demandes de conformation à des tiers	ISA 505
NEP 510	Contrôle du bilan d'ouverture du premier exercice certifié par le commissaire aux comptes	ISA 510
NEP 520	Procédures analytiques	ISA 520
NEP 530	Sélection des éléments à contrôler	ISA 530
NEP 540	Appréciation des estimations comptables	ISA 540
NEP 560	Événements postérieurs à la clôture de l'exercice	ISA 560
NEP 570	Continuité de l'exploitation	ISA 570
NEP 580	Déclarations de la direction	ISA 580
Utilisation de travaux d'autres professionnels		
NEP 600	Principes spécifiques applicables à l'audit des comptes consolidés	ISA 600
NEP 610	Prise de connaissance et utilisations des travaux de l'audit interne	ISA 610
Rapports		
NEP 700	Rapport du commissaire aux comptes sur les comptes annuels et consolidés	ISA 700
NEP 701	Justification des appréciations dans les rapports du commissaire aux comptes sur les comptes annuels et consolidés des entités d'intérêt public	ISA 701
NEP 702	Justification des appréciations dans les rapports du commissaire aux comptes sur les comptes annuels et consolidés des personnes et entités qui ne sont pas des entités d'intérêt public	ISA 702
NEP 710	Informations relatives aux exercices précédents	ISA 710
NEP 730	Changements comptables	ISA 730

•••

• • •

Normes NEP	Intitulés	Normes IFAC
	Audit mis en œuvre dans certaines entités	
NEP 910	Certification des comptes annuels des entités mentionnées à l'article L. 823-12-1 du Code de commerce (petites entreprises)	
	Mission d'examen limité	
NEP 2410	Examen limité des comptes intermédiaires en application des dispositions légales et réglementaires	ISRE 2410

Lorsqu'un domaine n'est pas couvert par une norme d'exercice professionnel, le commissaire aux comptes peut se référer à la doctrine professionnelle de la Compagnie nationale des commissaires aux comptes relative à certaines interventions prévues par les textes légaux et réglementaires (notamment les avis techniques et notes d'information du CNCC).

3 Déroulement de la mission d'audit

Lors de la conduite d'un audit d'états financiers, les objectifs généraux de l'auditeur sont :

- d'obtenir l'assurance raisonnable que les états financiers pris dans leur ensemble ne comportent pas d'anomalies significatives, que celles-ci proviennent de fraudes ou résultent d'erreurs, permettant ainsi à l'auditeur de formuler une opinion exprimant si les états financiers sont établis ou non, dans tous leurs aspects significatifs, conformément à un référentiel comptable applicable ;
- d'émettre un rapport sur les états financiers et de procéder aux communications requises par les normes professionnelles sur la base des conclusions de ses travaux.

Un audit d'états financiers implique donc les étapes suivantes :

- examen des états financiers : audit des comptes dans leurs aspects significatifs, expression d'une image fidèle, conformité par rapport à un référentiel comptable (PCG pour les comptes sociaux, règlement 99-02 ou normes IFRS pour les comptes consolidés) ;
- expression d'une opinion (positive, positive avec réserves, négative) ;
- émission d'un rapport écrit.

Application

Le commissaire aux comptes qui vous emploie vous demande d'analyser la norme d'exercice professionnel NEP 330 « Procédures d'audit mises en œuvre par le commissaire aux comptes à l'issue de son évaluation des risques » homologuée par arrêté ministériel et dont un certain nombre de dispositions vous sont fournies en annexe. Il vous demande de répondre à un certain nombre de questions.

1. **Qu'appelle-t-on « risque d'anomalies significatives » (§ 1) ?**
2. **Qu'appelle-t-on « procédures d'audit » (§ 2) ?**
3. **Que peuvent comprendre les « tests de procédures » (§ 5) ?**
4. **Qu'appelle-t-on « contrôles de substance », de quels types de contrôles peut–il s'agir (§ 5) ?**

Annexe – Extrait de la NEP 330

1. Après avoir pris connaissance de l'entité et évalué le risque d'anomalies significatives dans les comptes, le commissaire aux comptes adapte son approche générale et conçoit et met en œuvre des procédures d'audit lui permettant de fonder son opinion sur les comptes.
2. La présente norme a pour objet de définir :
   — les principes relatifs à l'adaptation de son approche générale et à la conception des procédures d'audit en réponse à son évaluation du risque d'anomalies significatives ;
   — les procédures d'audit à mettre en œuvre indépendamment de cette évaluation ;
   — les principes relatifs à l'évaluation du caractère suffisant et approprié des éléments collectés afin de formuler son opinion.
5. En réponse à son évaluation du risque au niveau des assertions, le commissaire aux comptes conçoit et met en œuvre des procédures d'audit complémentaires à celles réalisées pour cette évaluation. Ces procédures d'audit comprennent des tests de procédures, des contrôles de substance, ou une approche mixte utilisant à la fois des tests de procédures et des contrôles de substance.

Le commissaire aux comptes détermine la nature, le calendrier et l'étendue des procédures d'audit qu'il réalise en mettant en évidence le lien entre ces procédures d'audit et les risques auxquels elles répondent.

Corrigé

1. Risque d'anomalies significatives

Est significatif l'élément dont l'omission ou l'inexactitude est susceptible d'influencer les décisions économiques ou le jugement fondés sur les comptes. Une anomalie significative est une information comptable ou financière inexacte, insuffisante ou omise, en raison d'erreurs ou de fraude, d'une importance telle que, seule ou cumulée avec d'autres, elle peut influencer le jugement de l'utilisateur d'une information comptable ou financière. Le risque d'anomalies significatives est lié au risque d'audit, lequel est le risque que le commissaire aux comptes exprime une opinion incorrecte du fait d'anomalies significatives contenues dans les comptes et non détectées. Le risque d'audit se subdivise en trois composants : le risque inhérent, le risque lié au contrôle et le risque de non-détection.

2. Procédures d'audit

On appelle « procédures d'audit » l'ensemble des travaux réalisés au cours de l'audit afin de collecter les éléments permettant d'aboutir à des conclusions à partir desquelles le commissaire aux comptes fonde son opinion.

3. Tests de procédures

La notion de tests de procédures est définie notamment par le lexique de l'IAASB de l'IFAC comme des « tests permettant d'obtenir des éléments probants sur l'efficacité :

- de la conception des systèmes comptables et de contrôle interne, c'est-à-dire s'ils ont été correctement conçus pour prévenir, détecter et corriger des anomalies significatives ;
- du fonctionnement des contrôles internes pendant toute la période ».

Les tests de procédures peuvent comprendre :
- l'examen des documents justifiant les opérations et d'autres procédures visant à rassembler des éléments probants sur le bon fonctionnement des contrôles internes, par exemple la vérification qu'une opération donnée a été autorisée ;
- des demandes d'informations et l'observation des contrôles internes qui ne laissent aucune trace matérielle, par exemple pour déterminer précisément qui effectue chaque tâche et pas simplement la personne qui est censée l'effectuer ;
- une vérification des contrôles internes, par exemple des rapprochements bancaires, afin de s'assurer qu'ils ont été correctement réalisés.

Parmi les procédures d'audit, les tests de procédures permettent de collecter des éléments en vue d'apprécier l'efficacité des contrôles conçus et mis en œuvre par l'entité pour prévenir, détecter ou corriger les anomalies significatives au niveau des assertions.

Ainsi dans le cadre des procédures d'audit mises en œuvre par le commissaire aux comptes à l'issue de son évaluation des risques, le commissaire aux comptes réalise des tests de procédures pour collecter des éléments suffisants et appropriés montrant que les contrôles de l'entité ont fonctionné efficacement au cours de la période contrôlée dans les cas suivants :
- lorsqu'il a retenu, dans son évaluation du risque d'anomalies significatives au niveau des assertions, l'hypothèse selon laquelle les contrôles de l'entité fonctionnent efficacement ;
- lorsqu'il considère que les seuls contrôles de substance ne permettent pas de réduire le risque d'audit à un niveau suffisamment faible pour obtenir l'assurance recherchée.

4. Contrôles de substance

On appelle « contrôles de substance » ou « contrôles substantifs » les procédures d'audit conduisant à collecter les éléments probants permettant de détecter des anomalies significatives dans les comptes. Ils sont de deux types :
- contrôles portant sur le détail des opérations et des soldes ;
- procédures analytiques.

Les contrôles de substance peuvent, par exemple, être des contrôles visant à obtenir des confirmations directes de tiers indépendants à l'entité, ou des contrôles détaillés permettant de répondre à un objectif d'audit donné en complément de procédures analytiques.

L'étendue des contrôles substantifs à effectuer, peut être élargie, par exemple en utilisant un échantillon plus large.

27 Cadre légal et réglementaire de l'audit

1. Le Haut conseil du commissariat aux comptes
2. Établissement de la liste des commissaires aux comptes
3. Organisation professionnelle
4. Désignation et cessation des fonctions de commissaires aux comptes
5. Déontologie de l'auditeur légal
6. Responsabilité de l'auditeur légal

PRINCIPES CLÉS

L'auditeur légal (le commissaire aux comptes) exerce une mission d'intérêt général dans les conditions fixées par la loi. La loi (Code de commerce art. L. 820-1 à 824-16) et les dispositions réglementaires qui l'accompagnent, fixent les règles relatives à l'organisation de la profession et au statut des commissaires aux comptes. La profession de commissaire aux comptes (comme celle de l'auditeur contractuel qu'est l'expert-comptable) est ainsi soumise à de nombreuses règles à caractère déontologique. Ces règles sont fixées par voie réglementaire dans le Code de déontologie de la profession de commissaire aux comptes. Ce code définit les règles professionnelles auxquelles est soumis le commissaire aux comptes dans l'accomplissement de sa mission. Ses dispositions s'imposent à tout commissaire aux comptes, quel que soit son mode d'exercice. Les commissaires aux comptes doivent notamment être indépendants et respecter le secret professionnel. Ils engagent leur responsabilité civile, pénale et professionnelle.

1 Le Haut Conseil du commissariat aux comptes

Le Haut Conseil du commissariat aux comptes (H 3 C) a pour mission d'assurer la surveillance de la profession avec le concours de la Compagnie nationale des commissaires aux comptes et de veiller au respect de la déontologie et de l'indépendance des commissaires aux comptes. Il est en particulier chargé :

- de procéder à l'inscription des commissaires aux comptes et à la tenue des listes de commissaires aux comptes ;
- d'adopter les normes relatives à la déontologie des commissaires aux comptes, au contrôle interne de qualité et à l'exercice professionnel ;

- de prononcer des sanctions dans les conditions par le Code de commerce et relatives à la nomination, la révocation, la récusation et la mission du commissaire aux comptes;
- d'arbitrer le renouvellement des commissaires des entités d'intérêt public ;
- de conduire les procédures disciplinaires à l'encontre des commissaires aux comptes des entités d'intérêt public.

2 Établissement de la liste des commissaires aux comptes

Pour pouvoir exercer la profession de commissaire aux comptes, il faut être français, ou ressortissant d'un État membre de l'Union européenne ou d'un autre État lorsque celui-ci admet les nationaux français à exercer le contrôle légal des comptes, n'avoir pas été l'auteur de faits contraires à l'honneur ou à la probité ayant donné lieu à condamnation pénale, n'avoir pas été l'auteur de faits de même nature ayant donné lieu à une sanction disciplinaire de radiation, n'avoir pas été frappé de faillite personnelle ou de l'une des mesures d'interdiction ou de déchéance, avoir accompli un stage professionnel, jugé satisfaisant, d'une durée de trois ans, chez une personne agréée, et avoir subi avec succès les épreuves du certificat d'aptitude aux fonctions de commissaire aux comptes ou être titulaire du diplôme d'expertise comptable.
Les commissaires aux comptes sont inscrits sur une liste établie par le Haut conseil au commissariat aux comptes.

3 Organisation professionnelle

La compagnie nationale des commissaires aux comptes (CNCC) groupe tous les commissaires aux comptes et sociétés de commissaires aux comptes inscrits. Chaque compagnie régionale groupe les commissaires aux comptes et sociétés de commissaires aux comptes figurant sur la liste dressée par le Haut Conseil du commissariat aux comptes pour le ressort de chaque cour d'appel. Chaque compagnie régionale est administrée par un conseil régional. La compagnie nationale est administrée par un conseil national.

4 Désignation et cessation des fonctions de commissaires aux comptes

En dehors des cas de nomination statutaire, les commissaires aux comptes sont désignés par l'assemblée générale ordinaire dans les personnes morales qui sont dotées de cette instance, ou par l'organe exerçant une fonction analogue, compétent en vertu des règles qui s'appliquent aux autres personnes ou entités. Un ou plusieurs commissaires aux comptes suppléants, appelés à remplacer les titulaires en cas de refus, d'empêchement, de démission ou de décès sont désignés dans les mêmes conditions. Les sociétés astreintes à publier des comptes consolidés sont tenues de désigner au moins deux commissaires aux comptes.

Si toutes les sociétés anonymes et en commandite par actions sont tenues de désigner au moins un commissaire aux comptes, cette obligation ne concerne pas les SAS, les SARL, les sociétés en nom collectif et commandite simple, les personnes de droit privé non commerçantes, lesquelles sont tenues de désigner au moins un commissaire aux comptes que lorsqu'elles dépassent à la clôture de l'exercice social deux des trois seuils suivants : total du bilan (SAS : 1 000 000 € ; autres 1 550 000 €), montant de chiffre d'affaires hors taxes (SAS : 2 000 000 € ; autres 3 100 000 €), nombre moyen de salariés (SAS : 20 ; autres 50). Sont aussi soumises à l'obligation de commissariat aux comptes les groupements d'intérêt économique, les associations, certaines entités du secteur public.

Les commissaires aux comptes sont nommés pour six exercices. Des dispositions particulières, notamment relatives au renouvellement et aux missions autres que la certification sont applicables aux commissaires aux comptes des entités d'intérêt public (entités cotées sur un marché réglementé, établissements de crédit, entreprises d'assurance, etc.). Leurs fonctions expirent après la délibération de l'assemblée générale ou de l'organe compétent qui statue sur les comptes du sixième exercice. Ils peuvent être récusés, ou relevés de leur fonction avant l'expiration normale par décision de justice. L'expiration des fonctions de commissaire aux comptes peut aussi subvenir par survenance du terme, démission, suspension, radiation. L'empêchement ne met pas fin automatiquement aux fonctions du commissaire. Il en est de même de la dissolution de la société, du redressement et de la liquidation judiciaire.

5 Déontologie de l'auditeur légal

Le code de déontologie des commissaires aux comptes comprend les titres suivants :

- principes fondamentaux de comportement (intégrité, impartialité, indépendance et prévention des conflits d'intérêts, scepticisme professionnel et esprit critique, compétence, confraternité, secret professionnel et discrétion) ;
- interdictions, situations à risque et mesures de sauvegarde ;
- acceptation d'une mission, identification et prévention des risques liés à des mission antérieures, conduite de la mission, recours à des collaborateurs et experts, exercice de la mission par plusieurs commissaires aux comptes, poursuite et renouvellement du mandat, démission, succession entre confrères, information sur la date de fin du mandat ;
- appartenance à un réseau, organisation spécifique du commissaire aux comptes membre d'un réseau, membres de la direction et personnes réputées exercer des fonctions dites sensibles ;
- incompatibilités résultant de liens personnels, financiers et professionnels ;

- honoraires de la mission, honoraires subordonnés, indépendance financière, information sur les honoraires ;
- publicité.

Les commissaires aux comptes ainsi que leurs collaborateurs et experts sont astreints au secret professionnel pour leurs faits, actes et renseignements dont ils ont pu avoir connaissance en raison de leurs fonctions. En cas de violation du secret professionnel, le commissaire aux comptes est passible d'un emprisonnement pouvant atteindre un an et d'une amende pouvant atteindre 15 000 €. D'un autre côté, le secret professionnel ne peut être opposé aux commissaires aux comptes dans le cadre de leur mission, sauf par les auxiliaires de justice.

6 Responsabilité de l'auditeur légal

La responsabilité de l'auditeur légal se décline en responsabilité civile, responsabilité pénale et responsabilité disciplinaire.

Les commissaires aux comptes sont responsables civilement tant à l'égard de la personne ou de l'entité que des tiers, des conséquences dommageables des fautes et négligences par eux commises dans l'exercice de leurs fonctions. Les commissaires assument en principe une obligation de moyens. Par suite, leur responsabilité suppose l'existence d'une faute prouvée par le demandeur.

La responsabilité pénale du commissaire aux comptes est définie par la loi : elle s'applique aux infractions relatives aux incompatibilités, aux délits d'informations mensongères, aux délits de non-révélation des faits délictueux, à la violation du secret professionnel, à l'exercice illégal de la profession de commissaire aux comptes et l'usage illégal du titre de commissaire, aux délits de représentation des obligataires, aux infractions relatives aux filiales et participations, à l'utilisation abusive d'informations privilégiées, à la complicité des délits commis par les administrateurs, le personnel de direction et d'exécution de la société.

Constituent une faute disciplinaire passible d'une peine disciplinaire, tout manquement aux conditions légales d'exercice de la profession et toute négligence grave et tout fait contraire à la probité ou à l'honneur. Les sanctions disciplinaires sont l'avertissement, le blâme, l'interdiction temporaire pour une durée n'excédant pas cinq ans, cette sanction pouvant toutefois assortie d'un sursis, la radiation de la liste, le retrait de l'honorariat. Elle peut être accompagnée notamment d'une interdiction d'exercer des fonctions d'administration ou de direction au sein d'une société de commissaire aux comptes et au sein d'entités d'intérêt public et de sanctions pécuniaires. Elles sont prises par la commission régionale de discipline ou le Haut Conseil du commissariat aux comptes et, selon le cas, peuvent faire l'objet d'un appel devant le Conseil d'État.

Application

Il est demandé de répondre aux questions suivantes :

1. Citer au moins trois conditions à remplir lors de la demande d'inscription sur la liste de commissaire aux comptes.
2. Préciser quand se termine le mandat d'un commissaire aux comptes suppléant qui remplace le titulaire ayant démissionné.
3. Quelles sont les sanctions disciplinaires auxquelles s'expose un commissaire aux comptes qui ne respecterait pas ses obligations professionnelles ?
4. Citer quatre délits qui sont spécifiques au commissaire aux comptes dans l'exercice de sa mission légale.

Corrigé

Question 1

Conditions à remplir lors de la demande d'inscription sur la liste de commissaire aux comptes :

- être français ou ressortissant de l'Union européenne ;
- avoir accompli un stage professionnel ;
- être titulaire du diplôme d'expertise comptable ou avoir réussi le certificat d'aptitude aux fonctions de commissaire aux comptes ;
- ne pas avoir été condamné.

Question 2

Le mandat d'un commissaire aux comptes suppléant qui remplace le titulaire ayant démissionné se termine au terme du mandat du commissaire qu'il a remplacé, ou quand le titulaire reprend ses fonctions.

Question 3

Sanctions disciplinaires auxquelles s'expose un commissaire aux comptes qui ne respecterait pas ses obligations professionnelles :

- avertissement ;
- blâme ;
- interdiction temporaire pour une durée n'excédant pas 5 ans ;
- radiation ;
- retrait de l'honorariat.

Question 4

Les 4 délits pénaux de base du commissaire aux comptes sont :

a) non-respect d'une incompatibilité légale (C. com L. 820-6) ;
b) participation à des informations mensongères (C. com L. 820-7) ;
c) non-révélation des faits délictueux (C. com L. 820-7) ;
d) violation du secret professionnel (C. com L. 820-5).

Il existe d'autres délits pénaux pour certains faits :

e) rapport incomplet sur les comptes (C. com L 247-1-III et 247-2IV) ;
f) indications fausses sur la suppression du droit préférentiel de souscription (C. com L. 242-30) ;
g) complicité pour beaucoup, de délits pénaux (comme l'abus de confiance des dirigeants…).

Contrôle interne 28

1 Notion de contrôle interne
2 Objectifs du contrôle interne
3 Composantes du contrôle interne
4 Contrôle interne et systèmes d'information
5 Appréciation du contrôle interne

PRINCIPES CLÉS

- Si une comptabilité doit être mise en place et si des procédures doivent être initiées, il est nécessaire que cette organisation et ces procédures permettent à la comptabilité de fournir des informations fiables. Le contrôle interne est l'un des moyens d'atteindre cette fiabilité.
- Pour l'IAASB de l'IFAC (ISA 315) « le contrôle interne est un processus conçu et mis en œuvre par les personnes chargées de la gouvernance, de la gestion, ainsi que par tous les membres du personnel, destiné à fournir une assurance raisonnable de l'accomplissement des objectifs de l'entité en ce qui concerne la fiabilité des informations financières, la réalisation et l'optimisation des opérations et la conformité aux lois et réglementations en vigueur ».

1 Notion de contrôle interne

Le contrôle interne est un dispositif de la société, défini et mis en œuvre sous sa responsabilité. Il comprend un ensemble de moyens, de comportements, de procédures et d'actions adaptés aux caractéristiques propres de chaque société qui contribue à la maîtrise de ses activités, à l'efficacité de ses opérations et à l'utilisation efficiente de ses ressources et doit lui permettre de prendre en compte de manière appropriée les risques significatifs, qu'ils soient opérationnels, financiers ou de conformité.
Le contrôle interne ne se limite donc pas à un ensemble de procédures ni aux seuls processus comptables et financiers. Il ne recouvre pas non plus toutes les initiatives prises par les organes dirigeants ou le management comme par exemple la définition de la stratégie de la société, la détermination des objectifs, les décisions de gestion, le traitement des risques ou le suivi des performances.

2 Objectifs du contrôle interne

Les objectifs du dispositif de contrôle interne visent, plus particulièrement à assurer :

- la conformité aux lois et règlements ;
- l'application des instructions fixées par la direction ;
- le bon fonctionnement des processus internes de la société ;
- la sauvegarde des actifs ;
- la fiabilité des informations financières.

3 Composantes du contrôle interne

Le dispositif de contrôle interne comprend cinq composantes étroitement liées :

- une organisation comportant une définition claire des responsabilités, disposant des ressources et des compétences adéquates et s'appuyant sur des systèmes d'information, sur des procédures ou modes opératoires, des outils et des pratiques appropriés ;
- la diffusion en interne d'informations pertinentes, fiables, dont la connaissance permet à chacun d'exercer ses responsabilités ;
- un système visant à recenser, analyser les principaux risques identifiables au regard des objectifs de la société et à s'assurer de l'existence de procédures de gestion de ces risques ;
- des activités de contrôle proportionnées aux enjeux propres à chaque processus, et conçues pour s'assurer que les mesures nécessaires sont prises en vue de maîtriser les risques susceptibles d'affecter la réalisation des objectifs ;
- une surveillance permanente portant sur le dispositif de contrôle interne ainsi qu'un examen régulier de son fonctionnement.

Le contrôle interne repose sur un certain nombre de règles de conduite ou de préceptes dont le respect lui conférera une qualité satisfaisante. Ce sont : l'organisation, l'intégration, la permanence, l'universalité, l'indépendance, l'information, l'harmonie.

Ainsi, pour que le contrôle interne soit satisfaisant, il est nécessaire que l'organisation de l'entreprise possède certaines caractéristiques. L'organisation doit être préalable, adaptée et adaptable, vérifiable, formalisée et doit comporter une séparation convenable des fonctions. La règle de séparation des fonctions a pour objectif d'éviter que dans l'exercice d'une activité de l'entreprise un même agent cumule les fonctions de décisions (ou opérationnelles), les fonctions de détention matérielle des valeurs et des biens, les fonctions d'enregistrement (saisie et traitement de l'information), les fonctions de contrôle, ou même simplement deux d'entre elles.

Les procédures mises en place doivent permettre le fonctionnement d'un système d'autocontrôle mis en œuvre par des recoupements, des contrôles réciproques ou des moyens techniques appropriés. Ces procédures doivent avoir une certaine pérennité. Elles doivent concerner toutes les personnes dans l'entreprise, en tout temps et en tout lieu. Les objectifs du contrôle interne sont à atteindre indépendamment des méthodes,

procédés et moyens de l'entreprise. L'information doit répondre à certains critères tels que la pertinence, l'utilité, l'objectivité, la communicabilité et la vérifiabilité. Le contrôle interne doit être en harmonie avec les caractéristiques de l'entreprise et de son environnement.
De nombreux questionnaires peuvent être établis pour aider les entités à analyser leur contrôle interne. Plusieurs guides ont été ainsi élaborés sous l'égide de l'Autorité des marchés financiers. Ils comprennent notamment un questionnaire (général) relatif au contrôle interne comptable et financier et un questionnaire relatif à l'analyse et à la maîtrise des risques.

4 Contrôle interne et systèmes d'information

Si l'existence des systèmes informatiques ne modifie pas le schéma général de la méthodologie d'audit, elle implique des risques et des techniques nouvelles de contrôle qui peuvent modifier sensiblement le déroulement des missions.
L'existence même de l'informatique modifie le risque général d'audit du fait de :
- la puissance et la fragilité qu'elle génère en facilitant la concentration des informations et leur circulation ;
- l'évolution technologique permanente des systèmes, qui nécessite une formation importante des informaticiens et des utilisateurs ;
- le phénomène de cumul des anomalies beaucoup plus important que dans un système manuel où l'intervention humaine compense souvent la faiblesse apparente ;
- la capacité de certains systèmes à générer des informations sans intervention humaine créant un risque de voir disparaître ce qui est souvent appelé la « piste d'audit » ou le « chemin de révision » ;
- la prise de conscience parfois insuffisante, dans les entreprises, des risques spécifiques liés à l'informatique, notamment en matière de continuité de l'exploitation, de confidentialité des données, de sécurité…

C'est pourquoi l'existence d'une fonction informatique influe sur toutes les étapes de la mission de l'auditeur (prise de connaissance, appréciation du contrôle interne de la fonction informatique, influence de la fiabilité des systèmes informatiques sur la nature et l'étendue des contrôles à réaliser).

5 Appréciation du contrôle interne

À partir des orientations données par son programme de travail, l'auditeur doit effectuer une analyse du système de contrôle interne de l'entreprise afin d'en apprécier les points forts et les points faibles et de déterminer la nature, l'étendue et le calendrier de ses travaux de contrôle des comptes.
L'appréciation de l'**existence du contrôle interne** se déroule comme suit :
- prise de connaissance détaillée du système de traitement des données et des contrôles mis en place par l'entreprise ;

- vérification par des tests que les procédures telles que décrites et que les contrôles indiqués sont appliqués ;
- évaluation des risques d'erreurs qui peuvent se produire dans le traitement des données en fonction des objectifs que doivent atteindre les contrôles internes ;
- évaluation des contrôles internes devant assurer la protection des actifs lorsqu'ils existent des risques de perte de substance ;
- identification des contrôles internes (points forts) sur lesquels l'auditeur pourra s'appuyer et qui lui permettront de limiter ses travaux de vérification.

L'appréciation de la **permanence du contrôle interne** se déroule comme suit :

- vérification par des tests de l'application permanente des procédures (tests de permanence) ;
- formulation définitive du jugement, à partir de l'évaluation des conclusions des précédentes phases.

Les résultats de cette évaluation doivent permettre d'identifier les points forts et les points faibles, et ainsi, après avoir établi un document de synthèse, de permettre de passer à la vérification du fonctionnement du système.

Lorsque l'auditeur effectue ses contrôles dans un environnement informatique, il doit notamment tenir compte de cet environnement dans la planification de l'audit. Il doit effectuer des contrôles généraux aux systèmes et des contrôles spécifiques propres aux applications. Il doit aussi s'assurer de la fiabilité des contrôles programmés.

L'objectif que poursuit l'auditeur en appréciant le contrôle interne est de déterminer dans quelle mesure il pourra s'appuyer sur ce contrôle interne pour définir la nature, l'étendue et le calendrier de ses travaux ultérieurs.

Application

L'objet social de la SA Émilien est la commercialisation de machines : presse à chaud, dorure à chaud, timbres caoutchouc. L'entretien avec les responsables vous a permis de collecter les informations suivantes concernant le cycle des ventes de cette société.

Les commandes sont réceptionnées par le service commercial soit directement du client (courrier ou téléphone), soit par les représentants. Le service commercial établit un bon de commande numéroté et daté du jour en quatre exemplaires, sur lequel sont notés tous les renseignements concernant les marchandises à livrer et les conditions de règlement.

Les quatre exemplaires du bon de commande sont ensuite transmis au service Magasin Expéditions qui inscrit les marchandises à livrer sur son planning de livraison. Ce service mentionne sur les bons de commande avec un tampon la date d'expédition des marchandises.

- L'exemplaire n° 1 du bon de commande est expédié avec les marchandises.
- L'exemplaire n° 2 du bon de commande est transmis au service Facturation.
- L'exemplaire n° 3 est classé chronologiquement après avoir été utilisé pour mettre à jour les fiches de stocks.

- L'exemplaire n° 4 est retourné au service commercial qui l'enregistre sur le registre des commandes puis le classe dans le dossier client avec le courrier du client ou celui du représentant.

Le service Facturation regroupe les bons de commandes et, deux fois par semaine, établit à l'aide de la liste des prix les factures de ventes en trois exemplaires, numérotés et datés du jour de leur établissement.

- L'original de la facture est envoyé au client.
- L'exemplaire n° 2 est transmis au service Comptabilité.
- L'exemplaire n° 3 reste classé chronologiquement au service Facturation avec l'exemplaire du bon de commande.

Le service Comptabilité enregistre, au moyen d'un micro-ordinateur, la facture sur le journal des ventes et sur le compte individuel client. L'échéance du règlement est notée dans la partie statistique du compte. L'exemplaire de la facture est ensuite classé dans le dossier « factures ventes » dans l'ordre numérique.

Dès réception, les règlements clients sont transmis directement au service Comptabilité, qui les enregistre sur le journal de banque et sur les comptes individuels clients. Tous les deux jours, des bordereaux de remise de chèques sont établis et déposés à la banque avec les chèques.

Chaque fin de mois, le service comptable pointe les comptes clients. Tout client dont le règlement n'est pas intervenu à l'échéance fait l'objet d'une relance. Celle-ci est établie en double exemplaire :

— l'original est adressé au client;
— le double est classé alphabétiquement dans un dossier « relances clients » en attente du règlement.

Rappeler les principes de la séparation des fonctions. Dresser une grille d'analyse permettant de faire ressortir les incompatibilités de fonctions pour la procédure des ventes de la SA Émilien. L'analyser et, éventuellement, proposer des améliorations de l'organisation.

Corrigé

Principe de séparation des fonctions

Une seule et même personne ne peut :

- être opérationnelle, c'est-à-dire participer à la décision;
- avoir accès aux valeurs;
- assumer des fonctions d'enregistrement;
- assumer des fonctions de contrôle.

Grille d'analyse des fonctions

Fonctions / Services assumant les fonctions	Commercial	Magasin Expédition	Facturation	Comptabilité
Réception des commandes	X			
Établissement bon de commande	X			
Mise à jour planning		X		
Expédition des marchandises		X		

•••

Fonctions \ Services assumant les fonctions	Commercial	Magasin Expédition	Facturation	Comptabilité
Mise à jour stock		X		
Enregistrement des commandes	X			
Enregistrement des factures			X	
Envoi des factures			X	
Enregistrement comptable des factures				X
Réception règlement clients				X
Établissement bordereaux remise de chèque				X
Pointage compte client				X
Établissement relances				X

Analyse de ce tableau

Si la séparation des fonctions semble réaliste (on a affaire semble-t-il à une petite entreprise), on peut se poser un certain nombre de questions sur les faiblesses apparentes du contrôle interne. Ainsi, on peut notamment constater que :

- il est possible de vendre à des clients insolvables, la comptabilité qui tient les comptes clients n'étant pas interrogée lors de l'exécution d'une commande ;
- les bons de livraison (qui n'existent pas) ne sont pas rapprochés des bons de commande du client pour le contrôle des quantités et désignations ;
- aucun contrôle n'est effectué auprès de la facturation entre le bon de commande et la facture ;
- l'enregistrement comptable étant fait par ordre numérique, aucun contrôle n'est fait pour s'assurer que toutes les factures sont enregistrées.

Enfin, il serait souhaitable que le Service comptabilité ne soit pas le seul à intervenir au niveau de la remise de chèques.

Audit des comptes individuels et consolidés

29

1 Déroulement de la mission d'audit
2 Acceptation de la mission
3 Évaluation des risques et planification
4 Procédures mises en œuvre à l'issue de l'évaluation des risques
5 Travaux de fin de mission
6 Le rapport d'audit

PRINCIPES CLÉS

• La démarche suivie par l'auditeur pour effectuer sa mission comprend, en se référant notamment aux normes d'exercice professionnel relatives à l'audit, cinq grandes étapes :
– acceptation de la mission ;
– évaluation des risques et planification ;
– procédures mises en œuvre à l'issue de l'évaluation des risques ;
– travaux de fin de mission ;
– établissement du rapport d'audit.

• Le rapport d'audit permet à l'auditeur d'exprimer, par écrit, son opinion sur les états financiers et autres documents publiés pris dans leur ensemble. Il conclut la mission d'audit : c'est lui qui permet la perception de l'audit par le public.

1 Déroulement de la mission d'audit

Le déroulement de la mission d'audit peut être schématisé comme suit :

Étapes de travail	Principales tâches
Acceptation de la mission	Prise de connaissance globale, lettre de mission (NEP 210)
Évaluation des risques et planification	Prise de connaissance de l'entité y compris son contrôle interne (NEP 315) : évaluation des risques d'anomalies significatives et seuil de signification (NEP 320), plan de mission (NEP 300)

•••

•••

Étapes de travail	Principales tâches
Procédures mises en œuvre à l'issue de l'évaluation des risques	Adaptation de la démarche d'audit (NEP 330)
	Appréciation du contrôle interne par des tests de procédures (NEP 500)
	Contrôle de substance : éléments probants et procédures analytiques (NEP 500 à 540)
Travaux de fin de mission	Événements postérieurs (NEP 560), lettre d'affirmation (NEP 580), revue de la documentation d'audit (NEP 230), etc.
Rapports et communications	Rapport général, rapport spécial, rapport au conseil d'administration, rapport sur le rapport du conseil d'administration sur le gouvernement d'entreprise (NEP 700, 701, 702, 9505 et 9510)

2 Acceptation de la mission

L'auditeur et la direction de l'entité doivent convenir des termes et conditions de mission. Les termes convenus sont consignés dans une **lettre de mission** d'audit ou dans tout type de contrat adéquat.

3 Évaluation des risques et planification

L'auditeur doit planifier le travail d'audit pour que celui-ci soit réalisé de manière efficiente. Elle comprend notamment les étapes suivantes : la prise de connaissance de l'entité et de son secteur d'activité, l'évaluation des risques, la détermination du seuil de signification, l'élaboration du programme de travail.

■ *Prise de connaissance de l'entité*

La prise de connaissance permet à l'entité de mieux comprendre les événements pouvant avoir une incidence significative sur les comptes, et de tenir compte de ces éléments dans la planification de sa mission.

L'auditeur doit prendre connaissance :

- du secteur d'activité de l'entité, de son environnement réglementaire, notamment du référentiel comptable applicable et d'autres facteurs externes tels que les conditions économiques générales ;

- des caractéristiques de l'entité qui lui permettent d'appréhender les catégories d'opérations, les soldes des comptes et les informations attendues dans l'annexe des comptes. Ces caractéristiques incluent notamment la nature de ses activités, la composition de son capital et de son gouvernement d'entreprise, sa politique d'investissement, son organisation et son financement ainsi que le choix des méthodes comptables appliquées ;
- des objectifs de l'entité et des stratégies mises en œuvre pour les atteindre dans la mesure où ces objectifs pourront avoir des conséquences financières et de ce fait une incidence sur les comptes ;
- de la mesure et de l'analyse des indicateurs de performance financière de l'entité ; ces éléments indiquent à l'auditeur les aspects financiers que la direction considère comme constituant des enjeux majeurs ;
- des éléments du contrôle interne pertinents pour l'audit.

Il y a lieu également d'évaluer la continuité de l'exploitation et de prendre connaissance du contrôle interne (*voir fiche 28*).

■ *Évaluation des risques*

Les missions demandées à l'auditeur peuvent avoir des natures diverses (audit, examen limité, procédures convenues), qui impliquent des niveaux d'assurance différents. L'auditeur se doit donc, en même temps qu'il prend connaissance de l'entreprise, effectuer une mesure préalable du risque de la mission. Ce risque, appelé risque d'audit correspond à la possibilité pour l'auditeur de formuler une opinion inappropriée eu égard aux circonstances : par exemple, formuler une opinion sans réserves alors que les comptes présentent une anomalie significative.

Le risque d'audit comprend deux composantes : le risque d'anomalies significatives dans les comptes et le risque de non-détection de ces anomalies par l'auditeur.

- Le **risque d'anomalies significatives dans les comptes** est propre à l'entité ; il existe indépendamment de l'audit des comptes. Il se subdivise en risque inhérent et risque lié au contrôle interne :
  - le **risque inhérent** correspond à la possibilité qu'une assertion portant sur un flux de transactions, un solde de compte ou une information fournie, comporte une anomalie qui pourrait être significative, individuellement ou cumulée avec d'autres, avant la prise en compte des contrôles y afférents ;
  - le **risque lié au contrôle interne** correspond au risque qu'une anomalie significative ne soit ni prévenue ni détectée par le contrôle interne de l'entité et donc non corrigée en temps voulu.
- Le **risque de non-détection** est propre à la mission d'audit : il correspond au risque que les procédures mises en œuvre par l'auditeur pour réduire le risque d'audit à un niveau faible acceptable ne détectent pas une anomalie qui existe et qui pourrait être significative, soit prise individuellement ou cumulée avec d'autres anomalies.

■ *Fixation du seuil de signification*

Le seuil de signification est défini par la norme NEP 320 comme le « montant au-delà duquel les décisions économiques ou le jugement fondé sur les comptes sont susceptibles d'être influencés ».

Lors de la planification de l'audit, l'auditeur doit déterminer :
- un seuil de signification au niveau des comptes pris dans leur ensemble ;
- le cas échéant, des seuils de signification de montants inférieurs pour certaines catégories d'opérations, certains soldes de comptes ou certaines informations fournies dans l'annexe.

La Compagnie nationale des commissaires aux comptes fait notamment ressortir qu'il y a importance relative lorsque (sauf s'il existe des circonstances particulières, comme une non-continuité d'exploitation, par exemple, pour rendre l'élément moins important) :
- l'élément considéré a une incidence sur l'actif net de 5 % à 10 %, ou plus ;
- l'élément considéré a une incidence sur le bénéfice net après impôt de 5 % à 10 %, ou plus ;
- l'élément considéré a une incidence sur des rubriques du bilan de plus de 10 %.

■ *Élaboration du programme de travail*

Le programme de travail doit définir la nature et l'étendue des diligences estimées nécessaires, au cours de l'exercice, à la mise en œuvre du plan de mission, compte tenu des prescriptions légales et des normes d'exercice professionnel ; il indique le nombre d'heures de travail affectées à l'accomplissement de ces diligences et les honoraires correspondants.

Il a pour but :
- de fixer le contenu des interventions ;
- de négocier les tâches entre collaborateurs et fixer le temps pour chacun d'eux ;
- de coordonner le planning de la mission et le plan de charge du cabinet ;
- de répartir les interventions dans le temps de manière à respecter les délais.

4 Procédures mises en œuvre à l'issue de l'évaluation des risques

Les procédures d'audit comprennent des tests de procédures, des contrôles de substance, ou une approche mixte utilisant à la fois des tests de procédures et des contrôles de substance.

- Les « **tests de procédures** » désignent les tests permettant d'obtenir des éléments probants sur l'efficacité de la conception et du fonctionnement des systèmes comptables et du contrôle interne.
- Les « **contrôles de substance** » désignent les procédures visant à obtenir des éléments probants afin de détecter des anomalies significatives dans les états financiers. Ils sont de deux types :

- contrôles portant sur le détail des opérations et des soldes ;
- procédures analytiques.

Appréciation du contrôle interne

À partir des orientations données par son programme de travail, l'auditeur doit effectuer une analyse du système de contrôle interne de l'entreprise afin d'en apprécier les points forts et les points faibles et de déterminer la nature, l'étendue et le calendrier de ses travaux de contrôle des comptes.

Obtention d'éléments probants

Les éléments probants désignent les informations obtenues par l'auditeur pour aboutir à des conclusions sur lesquelles son opinion est fondée. Ces informations sont constituées de documents justificatifs et de documents comptables supportant les états financiers et qui corroborent des informations provenant d'autres sources.

Inspection des enregistrements et documents

Ces procédures consistent, pour l'auditeur à reprendre le travail effectué par l'entreprise et analyser chaque opération enregistrée. Cette procédure, très lourde, ne s'applique en fait que lorsque la nature du poste contrôlé implique des difficultés de comptabilisation, d'erreur fréquente quant au contenu ou des risques de fraude.

Procédures analytiques

Les procédures analytiques (ou examen analytique) sont des techniques de contrôle consistant à apprécier des informations financières à partir :
- de leurs corrélations avec d'autres informations, issues ou non des comptes, ou avec des données antérieures, postérieures ou prévisionnelles de l'entité ou d'entités similaires ;
- et de l'analyse des variations significatives ou des tendances inattendues.

On peut distinguer les examens suivants :
- revue de vraisemblance ;
- comparaison de données absolues ;
- comparaison de données relatives
- analyse de tendances.

Réexécution des contrôles

L'auditeur peut effectuer des contrôles (théoriquement déjà effectués par l'entité) par recoupements internes. Ces contrôles se font par rapprochement d'informations internes provenant de différentes origines (par exemple rapprochement entre les déclarations de taxes sur le chiffre d'affaires, les montants comptabilisés dans le compte « État » et les montants comptabilisés dans les différents postes de charges et de produits).

■ *Demandes de confirmation à des tiers*

Selon la norme NEP 505, « la demande de confirmation des tiers consiste à obtenir de la part d'un tiers une déclaration directement adressée au commissaire aux comptes concernant une ou plusieurs informations ».

Cette demande de confirmation concerne notamment les créances et les dettes, mais elle peut aussi concerner d'autres postes. L'auditeur effectuera une sélection des tiers à confirmer. Les réponses doivent être adressées à l'auditeur et non à l'entreprise.

Lorsque la demande de confirmation des tiers et les procédures alternatives mises en œuvre par l'auditeur ne lui permettent pas de collecter les éléments suffisants et appropriés pour vérifier une assertion donnée, il doit mettre en œuvre des procédures d'audit supplémentaires afin de les obtenir.

■ *Observation physique et inspection des actifs corporels*

Cette observation physique a pour objet de confirmer l'existence d'un élément d'actif. Cette technique ne saurait permettre cependant de confirmer la valeur d'un bien ou la propriété. L'observation physique concerne certains postes d'actif et en particulier :

- les stocks ;
- d'autres éléments, tels les immobilisations corporelles, les effets ou les espèces en caisse.

■ *Appréciation des estimations comptables*

En fonction de l'estimation comptable qu'il veut contrôler, l'auditeur choisit de mettre en œuvre une ou plusieurs des procédures d'audit suivantes :

- vérification du mode de calcul suivi pour procéder à l'estimation ;
- utilisation de sa propre estimation pour la comparer avec l'estimation retenue par la direction ;
- examen du dénouement postérieur à la clôture de l'exercice de l'estimation.

■ *Contrôle par sondages et autres méthodes de sélection des échantillons*

Deux types d'opérations peuvent motiver l'auditeur à utiliser les sondages, il s'agit :

- de l'appréciation du contrôle interne et des procédures comptables (tests de procédures) ;
- de la vérification des comptes (contrôles substantifs).

Encore utilisés par un grand nombre de d'auditeurs, les sondages ordinaires sont basés sur l'expérience, les impressions, c'est-à-dire sur des critères essentiellement subjectifs. L'auditeur doit s'efforcer de créer un effet de surprise dont il tirera bénéfice. Pour cela, il doit varier sans cesse son programme de sondages.

De plus en plus, les auditeurs recherchent des critères objectifs qui assurent un côté plus rigoureux à leur analyse. Ils ont donc recours aux techniques d'échantillonnage statistique.

La théorie des sondages est basée sur les probabilités à deux événements : l'élément est acceptable ou l'élément est à refuser.
Des mathématiciens tels Bernouilli, Laplace, Gauss, Poisson, ont montré que de telles études correspondent à la réalité. Des tables adéquates de résultats ont été établies à partir des travaux de ces mathématiciens ; il est donc intéressant de les utiliser pour les travaux d'audit.

5 Travaux de fin de mission

Les travaux de fin d'exercice passent notamment par l'examen des événements postérieurs à la clôture de l'exercice et par la remise par la direction d'une ou plusieurs lettres d'affirmation. Ils nécessitent aussi la revue de la documentation.

6 Le rapport d'audit

Le rapport d'audit permet à l'auditeur d'exprimer, par écrit, son opinion sur les états financiers et autres documents publiés pris dans leur ensemble. Il conclut la mission d'audit : c'est lui qui permet la perception de l'audit par le public.
Les rapports d'audit du commissaire aux comptes sont normalisés (NEP 700 : rapport du commissaire aux comptes sur les comptes annuels et consolidés), il en est de même des rapports d'audit de l'expert-comptable (ISA 700). Par contre, les rapports d'audit d'autres auditeurs tels les auditeurs internes ne le sont pas.

Les rapports des commissaires aux comptes sur les comptes annuels et consolidés

Les rapports comportent six parties distinctes (plus trois parties facultatives) relatives :
- à l'opinion ;
- au fondement de l'opinion (le cas échéant avec mention des incertitudes relatives à la continuité de l'exploitation et d'autres observations spécifiques) ;
- à la justification des appréciations ;
- à la vérification du rapport de gestion (le cas échéant avec la vérification d'autres informations) ;
- au rappel des responsabilités des organes de gestion de l'entité ;
- au rappel des responsabilités du commissaire aux comptes.

Opinion

En application des dispositions des articles L. 823-9 et R. 823-7 du code de commerce, le commissaire aux comptes déclare :
- soit certifier que les comptes annuels ou consolidés sur lesquels porte le rapport sont réguliers et sincères et qu'ils donnent une image fidèle du résultat des opérations de l'exercice écoulé ainsi que de la situation financière et du patrimoine de la personne ou de l'entité ou de l'ensemble des personnes et entités comprises dans la consolidation à la fin de l'exercice ;
- soit assortir la certification de réserves ;
- soit refuser la certification des comptes ;
- soit être dans l'impossibilité de certifier.

•••

•••

Outre la certification des comptes, l'opinion doit indiquer l'origine de la désignation du commissaire aux comptes, l'identité de la personne ou de l'entité dont les comptes sont certifiés, la nature des comptes, annuels ou consolidés, qui font l'objet du rapport et qui sont joints à ce dernier, la date de clôture et l'exercice auquel les comptes se rapportent, les règles et méthodes comptables appliquées.

Fondement de l'opinion

Le fondement de cette opinion comprend, d'une part, la référence aux normes d'exercice professionnel conformément auxquelles la mission a été accomplie, d'autre part, une attestation qu'il n'a pas été fourni de services interdits par le code de déontologie et éventuellement, les motifs de la réserve, du refus ou de l'impossibilité de certifier les comptes. Le cas échéant, il peut comprendre également les incertitudes significatives liées à des événements ou à des circonstances susceptibles de mettre en cause la continuité d'exploitation et des observations prévues par les textes légaux et réglementaires, voire toute observation utile.

Justification des appréciations

En application des dispositions de l'article L. 823-9 du code de commerce, le commissaire aux comptes justifie de ses appréciations pour toutes les personnes ou entités dont les comptes annuels ou consolidés font l'objet d'une certification.
Les normes NEP 701 et 702 présentent les règles à appliquer par les commissaires aux comptes pour justifier de leurs appréciations dans le cas d'audit d'entités d'intérêt public ou dans le cas de personnes ou d'entités qui ne sont pas des entités d'intérêt public.

Vérification du rapport de gestion

Dans le rapport sur les comptes annuels, cette partie comporte les éléments suivants :
– une introduction par laquelle le commissaire aux comptes indique qu'il a effectué les vérifications spécifiques prévues par les textes légaux et réglementaires ;
– les conclusions exprimées sous forme d'observation, ou d'absence d'observation, sur la sincérité et la concordance avec les comptes annuels des informations données dans le rapport de gestion et, le cas échéant, dans les autres documents adressés à l'organe appelé à statuer sur les comptes sur la situation financière et les comptes annuels ;
– le cas échéant, les vérifications ou informations relatives à l'entité que les textes légaux et réglementaires font obligation au commissaire aux comptes de mentionner dans son rapport, telles que les prises de participation et les prises de contrôle intervenues au cours de l'exercice, les aliénations diverses intervenues en application de la législation sur les participations réciproques et l'identité des personnes détenant le capital et les droits de vote.
Dans le rapport sur les comptes consolidés, cette partie concerne uniquement la vérification spécifique portant sur la sincérité et la concordance avec les comptes consolidés des informations relatives au groupe données dans le rapport de gestion consolidé et ne comporte que deux paragraphes :
– une introduction par laquelle le commissaire aux comptes indique qu'il a effectué la vérification spécifique prévue par les textes légaux et réglementaires ;
– la conclusion issue de cette vérification exprimée sous forme d'observation, ou d'absence d'observation, sur la sincérité et la concordance avec les comptes consolidés des informations relatives au groupe données dans le rapport de gestion.

Application

Vous avez pris connaissance du rapport des commissaires aux comptes relatifs aux comptes annuels de l'année N de la société Alpha, entité qui n'est pas une entité d'intérêt public.
Ce rapport comprend notamment deux parties intitulées :
- la justification de nos appréciations ;
- les vérifications du rapport de gestion.

Préciser quels sont éléments que peuvent contenir ces deux parties.

Corrigé

Justification des appréciations

Conformément à la norme NEP 702, entrent dans ce cadre, notamment, les appréciations portant sur :
- les options retenues dans le choix des méthodes comptables ou dans leurs modalités de mise en œuvre lorsqu'elles ont des incidences majeures sur le résultat, la situation financière ou la présentation d'ensemble des comptes de l'entité ;
- les estimations comptables importantes, notamment celles manquant de données objectives et impliquant un jugement professionnel dans leur appréciation ;
- la présentation d'ensemble des comptes annuels et consolidés, qu'il s'agisse du contenu de l'annexe ou de la présentation des états de synthèse.

Le commissaire aux comptes peut également estimer nécessaire de justifier d'appréciations portant sur les procédures de contrôle interne concourant à l'élaboration des comptes, qu'il est conduit à apprécier dans le cadre de la mise en œuvre de sa démarche d'audit.

Vérification du rapport de gestion

Conformément à la norme NEP 700, le commissaire aux comptes doit :
- vérifier la sincérité et la concordance avec les comptes annuels des informations données dans le rapport de gestion du conseil d'administration et dans les documents adressés aux actionnaires sur la situation financière et les comptes annuels ;
- le cas échéant, vérifier les informations relatives à l'entité que les textes légaux et réglementaires font obligation au commissaire aux comptes de mentionner dans son rapport, telles que les prises de participation et les prises de contrôle intervenues au cours de l'exercice, les aliénations diverses intervenues en application de la législation sur les participations réciproques et l'identité des personnes détenant le capital et les droits de vote.

30 Examen limité et autres interventions définies

1 L'examen limité
2 Les interventions définies par convention
3 Les vérifications et informations spécifiques
4 Les interventions définies par la loi et le règlement
5 Le commissariat à la transformation
6 Le commissariat aux apports
7 Le commissariat à la fusion

PRINCIPES CLÉS

- Le commissaire aux comptes peut être conduit à réaliser d'autres interventions définies par les textes légaux ou réglementaires, ou définies conventionnellement, qui ne constituent pas un audit.
- L'assurance apportée par le commissaire aux comptes dans ces interventions peut être de nature différente (celle d'un audit, d'un examen limité, voire de d'un commun accord entre l'auditeur, l'entité, et éventuellement les tiers concernés) et être exprimée, dans le rapport, selon différentes formes : ces formes d'assurance ne peuvent être ainsi comparées entre elles.
- Le rapport explicite en outre la nature et l'intervention du commissaire aux comptes et, dans le cadre d'une intervention définie conventionnellement, les diligences mises en œuvre pour répondre aux objectifs.

1 L'examen limité

L'objectif d'une mission d'examen limité est de permettre à l'auditeur de conclure, sur la base de procédures ne mettant pas en œuvre toutes les diligences requises pour un audit, qu'aucun fait d'importance significative n'a été relevé lui laissant à penser que les états financiers n'ont pas été établis, dans tous leurs aspects significatifs, conformément au référentiel comptable identifié.

Lorsque le niveau de fiabilité des comptes requis est moindre, l'auditeur peut procéder à un examen qui se conclut par l'expression d'une assurance limitée. Cette assurance limitée est le plus souvent formulée négativement de la manière suivante : « sur la base de notre examen limité, nous n'avons pas relevé d'anomalies significatives de nature à remettre en cause la régularité et la sincérité des comptes et l'image fidèle qu'ils donnent du résultat de l'exercice, de la situation financière et du patrimoine de la société ».

L'examen limité se distingue de l'audit dans la mesure où les contrôles reposent plutôt sur des entretiens et des examens analytiques que sur l'appréciation du contrôle interne et la collecte d'éléments de forte valeur probante (observation physique, confirmation directe...).
La norme NEP 2410 « Examen limité des comptes intermédiaires en application de dispositions légales et réglementaires » a prévu notamment son application dans les missions suivantes :

- examen de comptes prévisionnels ;
- examen de comptes pro forma ;
- documents et rapports prévus dans le cadre de la prévention des difficultés des entreprises ;
- tableau d'activité et de résultat et rapport semestriel.

2 Les interventions définies par convention

Ces interventions sont toutes autorisées à condition qu'elles ne soient pas interdites par le Code de déontologie ou pour les entités d'intérêt public, par le règlement européen du 16 avril 2014. Dans les entités d'intérêt public, ces services non audit (appelés aussi « services autres que la certification des comptes » ou SACC) doivent être préalablement approuvés par le comité d'audit.
Il y a lieu de distinguer les attestations particulières et les autres interventions.

Attestations particulières

Les commissaires aux comptes, dans le cadre de leurs missions, sont assez fréquemment sollicités pour certifier, ou attester certains renseignements particuliers, en dehors des cas expressément prévus par la loi.

Autres interventions définies par conventions

On peut citer notamment l'examen de comptes prévisionnels et l'examen de comptes pro-forma.

3 Les vérifications et informations spécifiques

Il y a lieu de distinguer : les documents et rapports prévus dans le cadre de la prévention des difficultés des entreprises, le rapport financier semestriel, les conventions réglementées.

Documents et rapports prévus dans le cadre de la prévention des difficultés des entreprises

Les sociétés commerciales, les groupements d'intérêt économique, les personnes morales de droit privé non commerçantes ayant une activité économique ayant 300 salariés ou plus et 18 millions d'euros ou plus de montant net de chiffre d'affaires doivent présenter un certain nombre de documents dans le cadre de la prévention des difficultés (*voir fiche 2 § 4*).

À ces documents doit être joint un rapport commentant les informations chiffrées qu'ils contiennent.

La réglementation prévoit que le commissaire aux comptes doit formuler, s'il y a lieu, ses observations sur les documents concernés dans un rapport écrit. Il n'est donc pas question de formuler une certification sur ces documents. En conséquence, les diligences du commissaire aux comptes seront celles de l'examen limité.

■ *Rapport financier semestriel*

Le commissaire peut avoir à examiner le rapport financier semestriel prévu aux articles L. 232-7 du Code de commerce et L. 451-1-2 du Code monétaire et financier (*voir fiche 2 § 6*), comprenant des comptes condensés pour le semestre écoulé et un rapport semestriel d'activité. Les diligences à pratiquer par le commissaire aux comptes constituent ce qu'il est convenu d'appeler un examen limité.

■ *Conventions réglementées*

Les articles L. 225-38, L. 225-39 et L. 225-43 du Code de commerce distinguent trois types de conventions :

- les conventions soumises à autorisation préalable (article L. 225-38) ;
- les conventions portant sur des opérations courantes et conclues à des conditions normales (article L 225-39) ;
- les conventions interdites (article L. 225-43).

Cette distinction est reprise par les articles L. 225-86, L. 225-87, L. 225-91 du Code de commerce pour les sociétés à directoire et conseil de surveillance.

Dans le cadre des conventions soumises à l'autorisation préalable du conseil d'administration, le commissaire aux comptes doit établir un rapport spécial. Ce rapport est un rapport distinct du rapport général. Il doit contenir notamment :

- l'énumération des conventions soumises à l'approbation de l'assemblée générale ;
- le nom des administrateurs ou directeurs généraux concernés ;
- la nature et l'objet desdites conventions ;
- les modalités essentielles de ces conventions ;
- l'importance des fournitures livrées ou des prestations de services fournies ;
- l'énumération des conventions et engagements conclus et autorisés au cours d'exercices antérieurs dont l'exécution a été poursuivie au cours du dernier exercice.

■ *Observations sur le rapport du conseil d'administration ou de surveillance relatif au gouvernement d'entreprise*

L'article L. 225-235 du Code de commerce demande à ce que les commissaires aux comptes présentent, dans un rapport joint au rapport de certification des comptes annuels ou consolidés, leurs observations éventuelles sur le rapport sur le gouvernement d'entreprise en ce qui concerne les informations mentionnées à l'article L. 225-37-5 du code de commerce (informations requises lorsqu'elles sont susceptibles d'avoir une incidence en cas d'offre publique). Ils doivent également attester de l'existence, dans ce rapport des informations requises par les articles L. 225-37-3 (information sur les rémunérations individuelles des mandataires sociaux relatives à l'exercice écoulé) et L. 225-37-4 (divers aspects du fonctionnement des organes d'administration et de direction de la société) du Code de commerce. Ce contrôle ne concerne que les sociétés dont les titres sont admis aux négociations sur un marché réglementé, à l'exception des informations prévues aux alinéas 1 à 4 de l'article L. 225-37-4.

4 Les interventions définies par la loi et le règlement

Il y a lieu de distinguer : la libération d'actions par compensation de créances, la suppression du droit préférentiel de souscription, l'émission de valeurs mobilières donnant accès au capital ou donnant droit à l'attribution de titres de créance, la réduction de capital, le rachat par une société non cotée de ses propres actions, les opérations de transformation (qui seront analysées au § 5), les opérations relatives aux dividendes, la révélation de faits délictueux au Procureur de la République, la procédure d'alerte, le visa de déclaration de créances.

Libération d'actions par compensation de créances

L'article R. 225-134 du Code de commerce stipule qu'en cas de libération d'actions par compensation de créances sur la société, ces créances font l'objet d'un arrêté de compte établi par le conseil d'administration ou le directoire et certifié exact par le commissaire aux comptes. Ce rapport vient s'ajouter à celui relatif à la renonciation du droit préférentiel analysé ci-après.

Suppression du droit préférentiel de souscription

L'article L. 225-135 du Code de commerce stipule que l'assemblée qui décide ou autorise une augmentation de capital peut supprimer le droit préférentiel de souscription pour la totalité de l'augmentation ou pour une ou plusieurs tranches. Cette assemblée statue, à peine de nullité sur le rapport du conseil d'administration ou du directoire et sur celui des commissaires aux comptes.

Émission de valeurs mobilières donnant accès au capital ou donnant droit à l'attribution de titres de créance

Dans le cadre d'émissions de valeurs mobilières donnant accès au capital ou donnant droit à l'attribution de titres de créance régis par les articles L. 228-91 et L. 228-92 du Code de commerce (obligations convertibles en actions, obligations échangeables contre des actions, bons de souscription, obligations avec bons de souscription d'actions ou d'obligations, etc.), le commissaire aux comptes est appelé à donner son avis. Il doit vérifier notamment la conformité des modalités de l'opération au regard de l'autorisation donnée par l'assemblée et des indications fournies à celle-ci.

■ *Réduction de capital*

Dans le cas où une assemblée générale décide une réduction de capital le commissaire aux comptes doit faire connaître dans un rapport spécial présenté à l'assemblée générale extraordinaire, son appréciation sur les causes et les conditions de la réduction.

■ *Rachat par une société non cotée de ses propres actions*

L'article L. 225-209-2 du Code de commerce permet aux sociétés par actions (SA, SCA, SAS) de racheter une partie de leurs actions pour les offrir ou les attribuer aux salariés ou aux actionnaires qui manifesteraient à la société l'intention de les acquérir à l'occasion d'une procédure organisée par la société dans les trois mois qui suivent l'assemblée générale ordinaire annuelle.

Le commissaire aux comptes doit dans des rapports spéciaux :

- faire connaître son appréciation sur les conditions de fixation du prix d'acquisition ;
- présenter les conditions dans lesquelles les actions ont été rachetées et utilisées au cours du dernier exercice clos.

■ *Opérations relatives aux dividendes*

L'article L. 232-12 du Code de commerce permet aux sociétés qui ont établi un bilan au cours ou en fin d'exercice qui laisse apparaître un bénéfice après amortissements et provisions de distribuer des acomptes sur dividendes. Le commissaire aux comptes, appelé à certifier le bilan, doit procéder aux vérifications d'usage en vue de la certification.

L'article L. 232-18 du Code de commerce permet, dans les sociétés par actions, à l'assemblée générale statuant sur les comptes de l'exercice, d'attribuer à chaque actionnaire pour tout ou partie du dividende mis en distribution une option entre le paiement du dividende en numéraire ou en actions. L'application des règles de détermination du prix d'émission est vérifiée par le commissaire aux comptes qui présente un rapport spécial à l'assemblée générale statuant sur la répartition.

■ *Révélation de faits délictueux au Procureur de la République*

L'obligation de révélation des faits délictueux par le commissaire aux comptes est stipulée par l'article L. 823-12 alinéa 2 du Code de commerce : « Ils révèlent au procureur de la République, les faits délictueux, sans que leur responsabilité puisse être engagée par cette révélation ».

Le fait, pour un commissaire aux comptes, de ne pas révéler au procureur de la République les faits délictueux dont il a eu connaissance est puni d'un emprisonnement de 5 ans et d'une amende de 75 000 € (Code de commerce, art. L. 820-7).

■ *Procédure d'alerte*

Les commissaires aux comptes peuvent engager une procédure s'ils constatent « des faits de nature à compromettre la continuité de l'exploitation ».
Cette procédure comprend, dans la société anonyme, plusieurs phases :

- le commissaire aux comptes informe le président du conseil d'administration ou du directoire ;
- le président du conseil d'administration ou le directoire doit répondre dans les quinze jours
- à défaut de réponse ou si celle-ci ne permet pas d'être assuré de la continuité de l'exploitation, le commissaire aux comptes, invite, dans les huit jours qui suivent la réponse ou la constatation de l'absence de réponse, le président du conseil d'administration ou le directoire à faire délibérer le conseil d'administration ou le conseil de surveillance sur les faits relevés. Le commissaire aux comptes est convoqué à cette séance qui doit se tenir dans les quinze jours qui suivent la réception de la lettre du commissaire aux comptes ;
- un extrait du procès-verbal des délibérations du conseil d'administration ou de surveillance est adressé au président du tribunal, au commissaire aux comptes, au comité social et économique (ex-comité d'entreprise), par lettre recommandée avec avis de réception dans les huit jours qui suivent la réunion du conseil ;
- en cas d'inobservation de ces dispositions ou si le commissaire aux comptes constate qu'en dépit des décisions prises la continuité de l'exploitation demeure compromise, le commissaire aux comptes invite le président du conseil d'administration ou directoire à faire délibérer une assemblée générale sur les faits relevés. Il établit un rapport spécial qui sera présenté à cette assemblée. L'assemblée générale doit être réunie au plus tard dans le mois suivant la date de notification par le commissaire aux comptes ;
- si, à l'issue de la réunion de l'assemblée générale, le commissaire aux comptes constate que les décisions prises ne permettent pas d'assurer la continuité de l'exploitation, il informe de ses démarches le président du tribunal de commerce.

■ *Visa de déclaration de créances*

En application de l'article L. 622-25 du Code de commerce, le commissaire aux comptes du créancier appelé par le juge-commissaire à viser la déclaration de créance(s) établie et certifiée sincère par la société, doit procéder aux contrôles de l'existence de la ou des créances à partir des documents mis à sa disposition.

5 Le commissariat à la transformation

La transformation d'une société peut être définie comme la modification de sa forme juridique sans que ce changement donne naissance à une nouvelle personne morale. L'ancienne société continue sous une autre forme.

- En cas de transformation en société anonyme d'une société d'une autre forme (société en nom collectif, SARL…) un ou plusieurs commissaires à la transformation, chargés d'apprécier sous leur responsabilité les valeurs des biens composant l'actif social et les avantages particuliers, sont désignés par décision de justice à la demande des dirigeants sociaux (article L. 224-3 du Code de commerce).
- Dans le cas de la transformation d'une société à responsabilité limitée en société anonyme, l'article L. 223-43 du Code de commerce prévoit que « la décision est précédée du rapport d'un commissaire aux comptes inscrit sur la situation de la société ». Ce commissaire aux comptes peut être celui de la société, s'il en existe un : il peut, sinon, être désigné par les associés ou par décision de justice. Ce rapport peut être établi par le commissaire à la transformation : dans ce cas, il n'est rédigé qu'un seul rapport.
- Enfin, la décision de transformation d'une société anonyme est prise (article L. 225-244 du Code de commerce) sur le rapport des commissaires aux comptes de la société. Ce rapport atteste que « le montant des capitaux propres est au moins égal au capital social ».

La transformation d'une société en commandite par actions ou d'une société par actions simplifiée obéit aux mêmes règles.

6 Le commissariat aux apports

Les cas d'intervention d'un commissaire aux apports sont limitatifs et sont prévus par la loi ; ils concernent :

- la constitution de société (art. L. 223-9 du Code de commerce pour les SARL, art. L. 225-8 et L. 225-14 du Code de commerce pour les SA) ;
- l'augmentation de capital (art. L. 225-147 du Code de commerce pour les SA) ;
- la fusion et opérations assimilées (art. L. 236-10 du Code commerce pour les SA).

Aux termes de l'article R. 225-7 du Code de commerce, les commissaires aux apports sont choisis parmi les commissaires aux comptes inscrits sur la liste prévue à l'article L. 822-1 du Code de commerce ou les experts inscrits sur une des listes établis par les cours et tribunaux. Ils sont toujours, sauf cas particulier concernant la constitution de la SARL, désignés par le président du tribunal de commerce.

Le commissaire aux apports établit un rapport dans lequel il décrit chacun des apports, indique le mode d'évaluation adopté et les raisons pour lesquelles il a été retenu. La conclusion de ce rapport doit contenir, d'une part l'appréciation du commissaire aux comptes sur la valeur des apports et, le cas échéant, sur les avantages stipulés, d'autre part, l'affirmation que la valeur des apports correspond au moins à la valeur au nominal des actions ou parts à émettre, augmentée éventuellement de la prime d'émission, de fusion ou de scission selon le cas.

7 Le commissariat à la fusion

En cas de fusion de sociétés et selon l'article L. 236-10 du Code de commerce, un ou plusieurs commissaires à la fusion établissent sous leur responsabilité un rapport écrit sur les modalités de la fusion (*voir fiche 4 § 3*). En outre, ils doivent apprécier sous leur responsabilité la valeur des apports en nature et les avantages particuliers et établissent à cet effet le rapport prévu à l'article L. 225-147 (augmentation de capital par apport en nature).

Application

La SA Brico soucieuse de se diversifier envisage d'acquérir la SA Cuisilux, entreprise de négoce commercialisant une grande variété de meubles de cuisine. Cette société développe par ailleurs deux activités complémentaires : une activité industrielle de production de meubles de cuisine et une activité de prestataire de services basée sur l'installation des cuisines et diverses études et devis pour la décoration intérieure. L'entreprise a connu une forte croissance ces dernières années et les prévisions à moyen terme semblent intéressantes.
La SA Brico souhaite confier à son commissaire aux comptes M. Yannick Bonhoure, l'ensemble des travaux d'analyse, de recherche et de contrôle des informations, notamment financières, de la SA Cuisilux société cible. Cette mission de « diligences d'acquisition » ou « due diligence » permettrait à la SA Brico d'apprécier et de quantifier les risques et opportunités de l'opération, au moyen, notamment, d'informations prévisionnelles. Elle s'interroge cependant sur le champ d'application de cette mission de son commissaire aux comptes et sur sa responsabilité dans le cas où cette acquisition serait un échec économique et financier. Par ailleurs, elle envisage de demander à la SA Cuisilux la présentation de comptes prévisionnels, puisque cette société n'a pas l'obligation légale de publier les documents liés à la prévention des difficultés des entreprises.

1. **Dans l'hypothèse où la SA Brico demande à la SA Cuisilux la présentation de comptes prévisionnels, indiquer la composition de ces comptes prévisionnels et la (ou les) personne(s) chargée(s) de les établir.**
2. **Préciser la nature de la mission et les principales diligences à mettre en œuvre par le commissaire aux comptes lors de l'examen de comptes prévisionnels.**
3. **À partir de la liste des travaux à réaliser pour l'audit d'acquisition (annexe 1), établir un tableau indiquant pour chacun de ces travaux s'il peut être réalisé ou non par le commissaire aux comptes ?**

D'après sujet 2010 DSCG 4 « Comptabilité et audit »

Annexe 1 : Travaux à réaliser pour l'audit d'acquisition

1. Appréciation du marché, de l'organisation, des objectifs et des prévisions d'activité de la cible
2. Évaluation des synergies potentielles de l'opération
3. Appréciation des éléments comptables et financiers historiques
4. Préparation des comptes prévisionnels
5. Proposition d'ajustements des comptes et de retraitements comptables
6. Recherche d'une cible complémentaire éventuelle
7. Appréciation de la qualité des procédures de contrôle interne
8. Participation aux négociations du prix d'acquisition

9. Présentation d'éléments significatifs destinés à identifier les risques comptables, environnementaux, juridiques, fiscaux sociaux et financiers, utiles à la SA Brico pour l'établissement de la garantie de passif et le cas échéant pour un réajustement du prix
10. Appréciation de l'opportunité du montage juridique et financier de l'opération
11. Participation à la rédaction du protocole de vente
12. Évaluation de la cible afin de fournir une fourchette de prix, base de la négociation

Corrigé

Question 1

Les sociétés peuvent, soit spontanément, soit à la demande de tiers, être amenées à établir des comptes prévisionnels. Si les comptes prévisionnels sont destinés à être publiés, c'est-à-dire mis à la disposition des actionnaires, ils sont établis et donc arrêtés par le conseil d'administration ou l'organe équivalent selon l'entité. S'ils sont destinés à être présentés, c'est-à-dire diffusés de manière restreinte, ils peuvent être établis par le conseil d'administration ou l'organe équivalent selon l'entité ou sous la responsabilité des dirigeants.
Dans ce cas les comptes prévisionnels comprennent :
- un compte de résultat prévisionnel,
- un bilan prévisionnel,
- un plan de financement,
- des notes annexes.

Question 2

Il s'agit d'une mission d'examen limité.
Les principales diligences à mettre en œuvre par le commissaire aux comptes sont les suivantes :
- prise de connaissance générale préalable du secteur d'activité de l'entité ;
- examen du processus d'élaboration des comptes prévisionnels ;
- appréciation des hypothèses retenues ;
- traduction chiffrée des hypothèses ;
- contrôle de l'établissement et de la présentation des comptes prévisionnels ;
- obtention d'une lettre d'affirmation des dirigeants ;
- contrôle des événements postérieurs.

Question 3

Travaux à réaliser pour l'audit d'acquisition	Par le CAC	Non autorisés
1. Appréciation du marché, de l'organisation, des objectifs et des prévisions d'activité de la cible		X
2. Évaluation les synergies potentielles de l'opération		X
3. Appréciation des éléments comptables et financiers historiques	X	
4. Préparation des comptes prévisionnels		X
5. Proposition d'ajustements des comptes et de retraitements comptables	X	
6 Recherche d'une cible complémentaire éventuelle		X
7. Appréciation de la qualité des procédures de contrôle interne	X	

•••

•••

Travaux à réaliser pour l'audit d'acquisition	Par le CAC	Non autorisés
8. Participation aux négociations du prix d'acquisition		X
9. Présentation d'éléments significatifs destinés à identifier les risques utiles pour l'établissement de la garantie de passif et le cas échéant pour un réajustement du prix	X	
10 Appréciation de l'opportunité du montage juridique et financier de l'opération		X
11. Participation à la rédaction du protocole de vente		X
12. Évaluation de la cible afin de fournir une fourchette de prix, base de la négociation		X

Remarque : Selon le code de déontologie, les travaux du commissaire aux comptes ne peuvent pas inclure la participation :

- à la recherche d'entités à acquérir;
- au tri des cibles potentielles;
- à la préparation de comptes pro forma ou prévisionnels;
- à la représentation de l'acquéreur dans la négociation du contrat d'acquisition;
- à la gestion administrative de la transaction;
- à la valorisation de la cible ou à la détermination du prix de la transaction;
- à l'élaboration de montages juridiques, fiscaux ou financiers liés au schéma de reprise;
- à l'émission d'une appréciation sur l'opportunité de l'opération.

77488 - (I) - OSB 80 - P 355 - BPA - MGS
Imprimerie CHIRAT - 42540 Saint-Just-la-Pendue

Dépôt légal : avril 2018 - N° 201802.0277

Imprimé en France